晋商与平遥礼俗文化

JINSHANG YU PINGYAO LISU WENHUA

董剑云 董培良 编著

山西出版传媒集团
山西经济出版社

前　言

平遥古城是一座具有2 800多年历史的文化古城，1997年12月被世界遗产委员会列为“世界文化遗产”。其价值主要有两方面，首先，它是一座原貌完整保存至今的明、清时期的县城，历史纯度达到90%，为人们展现了明清时期政治、经济、文化、宗教、民俗等诸多方面的完整历史画卷。其次，它是“晋商文化”的主要发祥地。古城内现存鳞次栉比的街道铺面建筑，有着丰富文化内涵和礼制民俗讲究的民居四合院建筑，是平遥历史上晋商经济发达的标志。

平遥古城地处山西中部，千百年来一直是连接我国东南沿海和西北边陲的咽喉要道，所以早在唐宋时期，这里就是长城内外汉民族同游牧民族的主要商贸通道，这里的人们在长期经商的实践中，不断总结经验，不断积累资本，形成了一整套以儒礼道德为核心的“商德”，“诚信为本，以义制利”成为晋商的道德伦理基础，薪火相传，也创立了一套经营管理的模式。

众所周知，中华民族自古就是礼仪之邦，在历史发展的长河中，形成了自己独特的文化礼俗，黄河中下游地区是中华民族礼俗文化的早期发祥地，随着各民族之间的历史交融，逐渐发展成为中华民族共同的礼俗文化。但是，由于历史上的生产发展和王朝更迭，人们生产生活方式的改进，许多礼俗文化就会不断增减、变异和消失，加之地域的不同，各地的礼俗文化自然就各有千秋。

平遥古城由于历史悠久，加之人们长期四处经商，把从五湖四海带回来的外乡礼俗融入了当地的礼俗文化，使平遥古城的礼俗文化，包括婚嫁礼俗、生日礼俗、丧葬礼俗、祭祀礼俗、俗节庙会等方方面面的礼俗文化，具有了最广泛的中华民族礼俗文化的代表性。尤其是在明、清两代，平遥商业经济高度发达，一直是当地的主要经济支柱，而富起来的平遥人在精神文化需求方面就更上一层楼，一切以礼为先，以祈求风调雨顺、平安健康、多子多福为目的的各种庆典、节庆活动，就进一步讲究排场，相互攀比，礼俗讲究标准更是日益攀高。这种一切礼当先的讲究，在平遥无论城区还是农村，延续至今，方兴未艾，成为当今研究汉民族礼俗文化的历史活化石。

本书在山西经济出版社董利斌先生的大力支持下，还蒙范慧民、侯建能等先生密切配合，在此书即将出版面世之际，值此一并致谢。

编　者

2017年5月

目 录

从平遥古城看晋商文化

晋商文化概述

一、晋商溯源

在长达 2 000 多年的中国封建社会中，靠天吃饭的农业自然经济，始终占据着中国经济的主导地位，而且是个体经营，品种简单而传统化，耕作技术原始陈旧。千百年来，老百姓过着“日出而作，日落而息”的生活。附着于这种农业经济的只有少数生产简单生活用品和劳动工具的手工作坊。因此，社会商品品种很少，数量不大，流通量更小，流通地域范围也很狭窄。流通场所多以庙会、集市、地摊为主,交换形式以“以物易物”为主,金属货币（铜钱、银两）为辅。唐朝和北宋时期，是中国封建社会经济大发展的历史时期，国力强大，外贸兴旺，政局稳定，经济繁荣。

尤其是北宋时期，社会商品流通量急剧增多，据资料统计，北宋当时的经济总量相当于当时世界其他各国的经济总量之和，成为中国商业发展的辉煌年代，因而曾经出现过“飞钱”和“交子”。宋代画家张择端的《清明上河图》，就反映了宋代京都汴梁的商业盛况，应当是中国封建社会商业流通的真实写照。

“飞钱”亦称“便换”，是唐宋时期的一种汇兑方式，起源于唐宪宗时期，当时商业发展，铜钱携带不便，加之钱币流通量有限，各地地方政府又禁止大量钱币出境，商业流通受阻。于是京师富商便将售货所得款项，交托各道、各使、各军驻京机关，充当他们上交朝廷的款项，再从各地各部门套取上交税赋，双方都省去了“解送”现银的麻烦，可谓“双赢”，也可交在各地有分庄的大商号。交银者持半联票券，到指定地点取钱，另一半被寄送到指定地支付单位，对票验证付银。唐宪宗元和七年（812 年）改由户部统一经营。

“交子”是中国最早的纸币。宋初，四川使用铁钱，体大而值小，流通不便。商人便发行一种类似存款单式的纸币，每一“交子”为钱币一缗（1 000 文），可兑现，可流动。但后来经常因发行者破产等原因，持币人不能兑现，造成社会的不稳定，被政府严令禁止发行。

山西省地处黄土高原，太行、吕梁两山脉踞其两旁，土地瘠薄，水源缺乏，耕作条件简陋。加之人口众多，以明初统计，山西当时就有人口400多万，为全国人口最多之省份，相当于河南、直隶两行省人口的总和。因而自古以来山西人生活条件就比较困难。为了生存，山西人不得不外出谋生，智者经商，力者打工。依靠简陋的肩挑贩运或骡驮车推，贩卖颜料 、丝绸、首饰等。到明朝初年，山西商人，特别是以平遥商帮为代表的晋中商帮，已经成为全国商业的龙头，形成一定规模，获利可观。据《明史·食货五》记载，明洪武初，时任平遥县主簿的成乐任期届满，回京述职时，由于看到平遥商人富裕非凡，就大力鼓吹应加大商业税收以增加朝廷财政收入，奏曰“能恢办商税”。其实当时从全国来讲，元朝末年的暴政和战争，使全国商业萎靡，亟待鼓励其发展，以使民休养生息。《明史·食货五》载：“凡商税，三十而取一，过者以违令论。洪武初，命在京兵马指挥领市司，每三日一校勘街市度量权衡，稽牙侩物价。”洪武、永乐年间，朝廷大力鼓励发展商业，为解决商人来京经营没有存货库房的问题，朝廷还特许在三山门外等地修建仓储房，名曰“塌房”，供商人租用。当时河南彰德府连蔬菜、水果、饮食等都收税，朱元璋闻听后立即诏令制止。

然而成乐目睹平遥商业的繁荣，形成了“天下同此”的错觉，竟建议朝廷加大全国商业税收，被朱元璋痛斥为：“税有定额，若以恢办为能，是剥削下民，失吏职也。”下令吏部议处，这一事例充分说明了明初时晋商在全国的领先地位，别的地方望尘莫及。

明王朝初建时，被赶到长城以北的蒙古族元朝统治者不甘心失败，不断兴兵南下，迫使明朝派大批军队在北方驻防，最多时达 120 万人。这就必然会遇到后勤上的困难，首先是每天的吃粮问题就难以解决。朝廷下决心以食盐管理的“开中法”激励商人积极参与北方戍边的后勤保障。《明史·食货四》载：“有明盐法，莫善于开中。洪武三年（1370年），山西行省言：‘大同粮储，自陵县运至太和岭，路远费烦。请令商人于大同仓入米一石，太原仓入米一石三斗，给淮盐一小引。商人鬻毕，即以原给引目赴所在官司缴之。如此则转运费省而边储充。’帝从之。召商输粮则与之盐，谓之开中。其后各行省边境，多召商中盐以为军储。盐法边计，相辅而行。”

食盐自古以来是官家专卖的特殊商品，利润颇丰。开中法被明太祖批准颁布后，晋商趋之若鹜，他们有着丰厚的资金和丰富的经商经验。《明史·食货志》又载：“明初，各边开中商人，招民垦种，筑台堡自相保聚，边方菽粟无甚贵之时。”就是说，有的商人甚至干脆雇用一批农民到边疆屯田垦种，秋后就地入仓。每交入太原仓米一石三斗或交大同仓米一石，即可得淮盐一小引（合 100 千克）。而领盐即在山西河东盐池，比较方便，再将盐远销他省，获取暴利。

开中法一直实施至成化年间，历时达百年，以平遥、祁县、太谷商人为代表的晋商，又完成了新一轮资本积累，使商业资本从当时的纯农业经济中初步分离出来，形成独立的商业资本。因而，明初开中法的实施可以称为晋商加速发展的新起点。

然而从明成化年间开始，随着开中法的废止，实施“折色法”，商人获利甚微。“然赴边开中之法废，商屯撤业，菽粟翔贵，边储日虚矣。”此后的年月里，尽管一些晋商腰缠万贯，走出娘子关，转而瞄准全国各地的其他市场，各自继续创造不同的辉煌，但明王朝后来的政策和社会氛围，已不利于商业的发展了。

第一，税赋加重，横征暴敛。洪熙元年（1425 年）以后，税额渐增，甚至高达旧额的五倍。除按门店铺面摊派外，各塌房、库房内的存货，都要清点纳税，驴车受雇者所拉之货也要拉货者重叠纳税等。京师更加强了对商税的管理，委派御史、户部、锦衣卫、兵马司官员各一人，严加管理督办，遍设验货征税的“钞关”，而且对商品“隐匿不报者，物尽没官，仍罪之”。这样的税赋政策，必然造成全国商业的停滞，甚至萎缩。

第二，委商采办，商家亏损。为满足宫廷奢侈生活的物质需要，明朝廷规定，全国各地每年要向朝廷上贡地方土特产，品种、数量都有明确规定，名曰“岁办”。但有时因天灾等原因，有些岁办特产不能完成，则由官府出钱到市场采买，名曰“采办”。而官府多委托商人负责采办，给价极低，甚至长期欠账不还，商家不堪亏损，贿赂司官推脱，或到处逃匿。《明史·食货六》载：“采造之事，累朝侈俭不同。大约靡于英宗，继以宪、武，至世宗、神宗而极。其事目繁琐，征索纷纭。最钜且难者，曰采木。岁造最大者，曰织造，曰烧造。酒醴膳羞则掌之光禄寺……而最为民害者，率由中官。”（中官即太监）嘉靖二十七年（1548 年），给事中罗崇奎曾向皇帝进言：“诸商所以重困者，物价贱则减，而贵则不敢增。且收纳不时，一遭风雨，遂不可用，多致赔累。既收之后，所司更代不常，不即给直，或竟沈阁。幸给直矣，官司折阅于上，番役齮龁于下，名虽平估，所得不能半。诸弊若除，商自乐赴，奚用编审。”嘉靖皇帝虽纳其言，但仍没诏令改进。

万历年中期，采办费用“几三十万，而铺户之累滋甚。时中官进纳索赂，名铺垫钱，费不訾，所支不足扣抵，民不堪命，相率避匿。乃佥京师富户为商。令下，被佥者如赴死，重赂营免。官司密勾，若缉奸盗”。“至熹宗时，商累益重，有输物于官终不得一钱者。”

当时宛平县知县刘日淑曾向上报告说，北京的商人一旦被派采办，“取之不遗毫发，资本悉罄”。应当提前按宽裕估价，先发给商民银钱，以解民困。结果被御史王孟震斥之为“越职”，刘日淑气愤之下，自动辞官回家。以上事例，足可见明朝“采办”之苛政猛如虎。而京师商家又以晋商为主，所以在这200年里，晋商必然要萎缩。

第三，社会歧视，商人位卑。在“万般皆下品，唯有读书高”的封建道德伦理的主宰下，明代职业排序是“士、农、工、商”，商居其末。明王朝甚至规定商人不准穿绸、纱衣服，只准穿绢和布做的衣服。只要有一人经商，全家都得执行此法。《明史·舆服志》载：“（洪武）十四年（1381年）令农衣绸、纱、绢、布，商贾止衣绢、布。农家有一人为商贾者，亦不得衣绸、纱。”从这一小节也足可看出商人在明代举步维艰，晋商的发展困难很大。

二、清代晋商的复兴

明王朝建立以来，尽管以长城为界，平息了蒙古贵族企图复辟的活动，但壁垒森严的边防，使关外游牧民族同关内的平等贸易被彻底阻断了，游牧民族所需的生产及生活必需品，断了来源，其畜产品也断了销路。原属蒙古族的俺答、鞑靼等部落居民，就采取抢夺的办法取得生活必需品，以其强悍的骑兵，不断突入关内，抢了就走，防不胜防。直到嘉靖年间，侵扰仍连年不断。万历年间，朝廷不得不和他们达成协议，允许适度开放边贸，开放喜峰口、张家口、水泉营、杀虎口等地方进行边贸，早已积累了大量资金的晋商，如鱼得水，掌握了张家口、杀虎口等处较大份额的边贸主动权，迅速活跃起来。

这个时候，山海关外的满族各部落屡经交战后，努尔哈赤建立了“清”王朝（起初称“金”，史称“后金”）。他们起用汉族大臣，学习明王朝，实行了类似汉民族封建社会制度的“八旗制度”。一方面韬光养晦，向明王朝俯首称臣，年年进贡；另一方面厉兵秣马，发展自己。尽管他们有富饶的土地和森林资源，但他们要想发展壮大，还很不够，需要通过商业贸易，以张家口等地作为贸易通道，使关内的盐、铁、绸、布、颜料等源源不断地运来，而且从关内来的商人口中，他们还能不断得到明王朝的政治信息和军事情报，还引进了中原地区的先进生产技术和先进文化。开放式的经济贸易加快了清王朝崛起的步伐，为其最后问鼎中原，建立一统天下的大清王朝奠定了坚实的经济基础，而晋商就是当时对关外贸易的主力军。

因为清王朝的统治者能清醒地看到商人在促进政治、经济、军事和文化的发展中，有着不可替代的作用，所以清军入关在北京正式建立大清王朝之初，北京皇宫中龙椅上的顺治皇帝屁股还没坐热，就礼请当时最有名的八位山西商人，“宴便殿，赐服饰”。还把他们编入了由内务府管理的“御用皇商”的行列，“赐二品顶戴”。

皇帝的超规格礼遇，使晋商受宠若惊，极力效忠。同时，他们也由于受到了统治者的青睐而有了宽松的经营发展环境。在朝廷平定“三藩之乱”、收获台湾等重大事件中，晋商都在后勤保障方面发挥了巨大作用。尤其是征讨噶尔丹，晋商更是功不可没。

据《清史稿·列传一百四》载，有一位叫范毓宾的晋商，山西省介休张原村人，为晋商中之巨富，他的祖父范永斗就是顺治皇帝召见的八大晋商之一。康熙年间征讨噶尔丹时，他的弟弟范毓奇收购米粟卖给官军，以资官军后勤供应。康熙六十年（1721 年），康熙再度出征噶尔丹，范毓宾自告奋勇，倾其家财为官军转运粮饷，运价仅为平常运价的 1/3, 帮助了康熙皇帝。雍正年间，青海发生叛乱，朝廷调集九省大军征讨，进入草原深处，由于补给线太长，军粮供应十分困难。正在雍正皇帝为难之际，怡亲王允祥保荐范毓宾全权主持粮饷。由于范毓宾的努力筹办，竭尽家财，往前线运米百余万石，使这次战争有了可靠的后勤保障，取得了彻底胜利，雍正赐封范毓宾太仆寺卿衔，章服同二品。范毓宾得此封赏后更加荣耀,后曾做人参买卖，还曾获得国家采购铜的专利权，收买全国之铜，供朝廷铸钱。

清初还有许多晋商也曾为国效力，受到封赏，如晋商董应和，山西平遥西赵村人，征讨噶尔丹时，随官军从事后勤供应，有功于朝廷，赐封官衔。战后在阿拉善旗的紫泥湖镇开了当铺，从此发迹，财源日益茂盛。其后人开办的“祥泰隆”号，发展成为阿拉善草原 18 万平方千米上的垄断商号。这是后话。

从清王朝的崛起到其统一全国后的政权巩固，晋商都曾发挥了巨大作用。因而从清初开始，晋商就得以复兴。清王朝还废止了明朝的“采办”制。从此，已有雄厚资金的一批晋商大显身手，到各大商埠重镇遍设分号，成为晋商队伍中的第一梯队，雄踞全国。在恰克图、海拉尔、塔城、库伦等地的外贸商务中也占据了很大的份额。

在清代对商业重视的宽松条件下，已有丰富经商经验的山西人，更加大踏步地向全国各地进军。他们瞄准了欠发达的西北地区，那里资源丰富，民风淳朴。山西又地处西北和中原地区的交通要冲，便于双方的经济文化交流，山西商人有得天独厚的地理位置优势。他们把南方的茶叶、瓷器、丝绸、首饰、烟叶等运往西北，把西北地区的牛羊皮毛、马匹、药材等销往中原及东南沿海。随着晋商触角向西北地区的延伸，山西的许多贫苦农民也冒着滚滚沙尘和凛冽的西北寒风，过黄河，进草原，充当小店员或小商贩。再以滚雪球方式扩大经营，多少年来平遥商人跑“西路”（大西北地区）不走“杀虎口”，而是从临县碛口镇渡黄河，经陕西绥德、吴堡北上宁夏、内蒙古，至今碛口黄河岸边的“黑龙庙”内，清代修葺的碑碣上，还刻有平遥乔家乔怀瑾的“晋泰昌”布庄等商号的捐银数。二百多年来，西北地区的商业和经济开发，几乎为晋商所垄断，以宁夏为例，清代后期的山西八大商号主宰着宁夏河套地区的商业贸易。它们是：敬义泰，山西万全县人开办；天成西，山西交城人开办；隆泰裕、广发店，山西平遥西赵村董氏家族开办；合盛恒，山西临晋县荆姓开办；百川汇，山西平遥县雷泽霖开办；福新店，山西平遥县西赵村张廷璠开办；永盛裕，山西河津县王姓开办。总之，清王朝是晋商的全面复兴时期。

三、票号的产生和发展

晋商的蓬勃发展，带动全国商业流通跃上新的台阶，商品交易额越来越大，既不便以物易物，也不宜使用笨重的铜钱和银两，有资料表明，嘉庆十五年（1810年），平遥一亩水地可卖到纹银40两，合铜钱69缗。试想：一缗钱为1 000文铜钱，近1千克，一亩地价铜钱重达60千克，需卖主肩挑一担。1 000缗钱就需一辆牛车拉运，即使用白银，当时为每市斤十六两制，1 000两纹银即31.25千克。商场上动则数万两、数十万两白银的商品交易，最大的困难就是白银的交付和搬运。清道光年以前，官家银两运送由官兵护送，商号银两则需雇用“镖局”押运，不但运费昂贵，而且风险很大。这种硬通货交易已不能适应经济和生产力发展的需求了，必须有一种新的形式取而代之。

最先发现这种不适应的就是晋商。当时平遥人在北京开颜料庄的商号很多，对京师形成行业垄断，其资本最大者为“西裕成”号。每年腊月，各颜料庄的掌柜们为了把钱安全带回老家过年，常求西裕成掌柜雷履泰把他们的白银收到号内，写信让他们回平遥西裕成总号兑取，其间当然要收取一定的劳务费用。久之，其他县或其他行业的老乡也纷纷来求帮忙，使独具慧眼的雷履泰想到了创立一种新的行业——票号。他说服东家李大全停办西裕成，投资30万两白银，于道光三年（1823年）创办了历史上第一家票号——日升昌，他借鉴唐宋时期飞钱、交子的经验，结合清代的商贸实践，创立了一整套运作方法和管理制度，在各大商埠广设分号，专门进行汇兑，后又增加了储蓄、放贷等业务,因为是以开“会票”兑取银两,故名曰“票号”。票号已具备了现代银行的许多特点，著名社会学家余秋雨先生称票号是现代银行的“乡下祖父”。

随着日升昌票号的创建和兴旺，平遥、太谷、榆次、祁县等地的富商们也纷纷仿而效之，雨后春笋般地办起了票号，最多时达55家，仅平遥一地就22家，一度曾执全国金融业之牛耳。日升昌被誉为“汇通天下”“枢极紫垣”。票号的产生使晋商有了更快捷的流通手段，带动全国商界走上了中国封建商贸历史的巅峰。

票号业资本是从商业资本中再分离出来的金融资本，

也属商业范畴，经营着金钱、会票等特殊“商品”，其商德商风及管理原则同其他商业文化有许多共同点。

四、晋商文化的特点

“晋商”是中国封建社会经济发展中的历史产物，它是以中国封建农业经济资本中独立分离出来的商业资本为其经济支柱的，它的道德伦理、处世礼制、行为规范、管理方法等文化内涵，盖出于儒教和封建礼制。从数百年的雄风和发展实践中，可以看到晋商文化有如下特点。

（一）以义制利，诚信为本

在封建社会的漫长岁月里，社会职业排序一直是“士、农、工、商”，商居其末，为世俗所不屑，但历代晋商始终能矢志不渝地坦然经商，从不自卑。晋商此特点甚至早已闻达于紫禁城内。清雍正二年（1724年）九月九日，山西学政刘于义在上奏条陈中说：“山右积习，重利之念，甚于重名，子弟俊秀者，多入贸易一途，至中材以下，方使之读书应试。”雍正皇帝在御批中也表示同意这一看法。

山西人之所以能坦然经商，“重利之念，甚于重名”，至少有政治和经济两方面的原因。

明初兴起及清初复兴之后的晋商，同官府和官宦人士接触颇多。清楚地看到，为官者伴君如伴虎，如临深渊，如履薄冰，升降莫测，险象环生，任你终日诚惶诚恐，紧夹尾巴，也难免飞来横祸，不得善终。

笔者粗阅《明史》，在有资格被载入“列传”的名臣良将中，山西籍者共98人，其中被皇帝降罪杀戮、赐自尽或被奸相严嵩、权宦刘瑾、魏忠贤等迫害致死者，计45人；被降罪下狱者8人；被削官夺职者19人；杨博、张四维、王崇古、韩爌、王畿、王国光6人，则受奸党权宦迫害排挤而自动乞休；杨砥、吕升等10人累死于任所。仅有周宣、周经父子，以及梁景、王诏等，可算是荣退归里善终于府宅，共计9人，仅占10%。这些以十年寒窗苦读而“雁塔题名”者，竟数落得如此“人上人”的下场，怎能不令人心寒呢?

清军入关问鼎中原后，更增加了民族地位的尊卑之分。旗人、汉军、蒙八旗之后才是汉人。走“学而优则仕”之途，更为雪上加霜。凡此种种政治原因，必然使晋商培养其子弟“学而优则商”。晋商在长期的经营活动中，其经济收入，也远非一般官吏可比。据《平遥县志》载，清代从康熙到光绪的200多年期间，平遥县正七品知县年俸银一直是45两，县丞、教谕年俸银40两，典史31.52两，门子、皂役、禁卒等一律年俸银6两。而同一时期，晋商在内蒙古、宁夏开设的祥泰隆、隆泰裕、广发店等商号的普通店员，除吃穿在铺号外，年薪白银30两，更不要说“顶生意”的管理人员了，三年分红时，每股可分银3 000～5 000两。早年平遥人有句顺口溜：“要发财，宁夏跌（走）一回！”足见其社会舆论对经商者的羡慕之情了。既有优厚的经济实惠，又无做官的烦恼风险，坦然经商，何乐而不为呢？

“诚信”是晋商从业之根本，这种出于儒教伦理的经营观念，是晋商经久不衰、取信社会、立足市场的有力竞争武器，也是使字号、品牌百年不倒的根本保障。所以他们提倡“君子爱财，取之有道”“公平交易，童叟无欺”“君子不失信”“银钱如粪土，脸面值千金”等敬业商德，而且代代相传，从不懈怠。明代著名山西商人王现说过：“夫商与士，异术而同心，故善商者，处财货之场，而修高明之行，是故虽利而不污。故利以义制，名以清修，天之鉴也。”

《清史稿》载，雍正年间，晋商范毓宾包运西征大军粮米时，在一次运输途中，遭敌人抢劫，损失米13万多石，本为客观事实，可请朝廷酌免，但范毓宾出于“诚信为本”的商德，“斥私财补运，凡白金百四十四万”。显然“诚信”二字在晋商心目中胜过百万两白银。

传说有一位衣污面垢的老太太，从其亡故30多年的丈夫旧衣服中，拆出一张面值一万两白银的日升昌票号的银票，使夫死家衰多年的老太太喜出望外，但又怕人家不信，本着试试看的想法到日升昌票号兑取，日升昌掌柜经辨认无伪后，坚持以诚信为本，当即连本带息如数付给。此事传为千古佳话，使日升昌的信誉更加提高。

庚子之乱，八国联军进京，光绪、慈禧西逃，京中的达官富豪也仓皇逃到山西，家中金银细软都来不及带，怀中只揣山西票号之存折，入晋后找总号兑银。而此时山西各票号北京分号也同遭厄运，被抢劫一空，账簿也被付之一炬。此时没有底账，可以向来者言明苦衷，需待账目理清再做安排。但山西各票号总号都没有这样做，而是验票付银，决不失信。他们的实际行动昭示了“诚信”在晋商商德中的至高无上地位。战乱过后，山西票号的信誉倍增，不但普通百姓放心地把银钱储入票号，连朝廷的大笔大笔官银公款也交票号汇兑、收存。

（二）思维超前，敢于创新

晋商之所以能不断发展，以至到清代中期，成为全国商界的龙头老大，在于他们有敏锐的洞察能力，能准确地分析市场的变化趋势，捕捉发展机遇，敢于创新，保证自身的领先地位。

在长期的商海竞争中，那些只识眼前蝇头小利的庸碌之辈，都被大浪淘去了，而一批又一批出类拔萃的经营管理人才，涌现在晋商的领军岗位上。这些人有着多年的经营经验，并且不因循守旧，不满足现状，能不断分析市场，锐意创新。鲁迅先生说过："第一个吃螃蟹的人是令人佩服的。"日升昌票号的创始人雷履泰，正是这样的人物。他在西裕成颜料庄北京分庄当掌柜，并不满足于连年有余，连期有盈。而是敏锐地注意到市场交易中的新情况、新矛盾。交易额越大，越不易付款，硬通货的自身重量成为妨碍交易、约束生产力发展的主要矛盾。票号产生前，银钱靠雇请"镖局"押运，既花费多，又风险大，而且火枪的出现常使押运镖银的武林高手犯愁。镖运金银的周期也太长，常常因银钱不到位而失去极好商机。因而雷履泰根据唐宋时期"飞钱""交子"的先例，创立票号，经营汇兑。解除了正在蓬勃发展的商业贸易中的桎梏，从根本上解决了货币在商品交换中的不适应，解放了生产力，使中国封建社会的商业经济揭开了新的一页，辉煌百年，名垂史册。

位居内蒙古草原阿拉善旗定远营城（今巴彦浩特）的晋商祥泰隆，由于经营有方，人才辈出，生意十分兴隆，但他们从不以此为满足，而是锐意创新。他们在前往牧区牧民居住点送货、收账时，注意到蒙胞在游牧生活中，沉重的银子携带不便，又易丢失。他们就创立发行“银帖”，类似今之纸币，面额有 1 两、2 两、5 两、10 两、50 两、100 两等，携带方便，保存容易，可与现银通用，深受蒙胞牧民欢迎，而且发放银帖时有编号、有登记。有时牧民的银帖不慎丢失或被火焚，祥泰隆在核对查清后，重新补给，有破损者可以换新。银帖也没有年限限制，从不贬值。直至民国初年，阿拉善的蒙民宁信祥泰隆的银帖，也不愿要经常更换和贬值的国币。

祥泰隆创立银帖的掌柜们也十分了不起，他们既满足了蒙民的需要，又无息收集了蒙民的银两做资本，增强了市场竞争能力，一箭双雕，令后人敬佩。

应当说“思维敏锐，敢于创新”是晋商雄风百年的又一大法宝。

（三）媚事权威，唯官是崇

晋商本身发祥于封建社会制度完备的明、清两代王朝，它是从封建农业经济当中分化出来，又服务于封建农业经济的产业，它的道德伦理、思维定式、思想观念等，必然是尊崇儒教，严守礼制，不可能有其他。所以它必然会尊奉皇权，媚事政权，唯官是崇。

正是这种思维定式，才使晋商在改朝换代时不当殉葬品，而是媚事新主人，照样发财。

早在明初开中法颁行一段时期后，晋商就看到了该法的空子，开始媚事司官，冒报库粮损耗，多领盐引，送“回扣”给司官，牟取暴利。以致从明成化元年（1465 年）开始，明朝廷不得不改用“折色法”，以堵漏洞。

平遥镇国寺现存石碑《补修镇国寺并九间庙碑记》，记载了清光绪三十年（1904 年）修葺镇国寺的情况，在捐银功德碑上除许多大商号外，更有许多达官贵人的名字，如山西巡抚胡聘之，山西按察使丰仲泰，内阁大学士礼部侍郎高赓恩，翰林院大学士杨捷三，内阁中书吴化熙、渠晋卿，工部员外郎武建贤，内务府员外郎世和、郎中文淇，兵部主事荆性成，内蒙古庄亲王，科尔沁札萨克贝勒熙凌河，还有承恩公、辅国公等一些贵胄，以及各省的许多道台、知府等达官。地处乡村僻壤的镇国寺，竟有如此之多的高官贵胄解囊来助修，何来的这等风光体面，个中奥秘在于平遥商帮举国上下都有“铁关系”，这也是晋商媚事权威思维定式的佐证。

（四）立足市场、管理有方

晋商在对待市场方面，不仅仅在于观察需求变化，行情扬抑、政策动向，更重视市场的保护，他们清醒地看到，“商号附着于市场，市场养育着商号”。清光绪二年（1876 年），山西全省连续三年大旱，几至寸草不生，饿殍遍野，卖儿鬻女、易子而食者皆有之。尽管朝廷谕令赈济，但财力远远不够。当时各大商号充分认识到，家乡是自身最基本的市场，是商号的大后方，一旦失去，有如“天塌地陷”。他们竭尽全力，捐献家财，救灾济民，保护市场。以平遥县为例，各票号、商号、财东积极捐资赈灾，总共捐银221 903两，仅日升昌东家达蒲村李氏家族就捐银63 600两，各捐赈者还捐铜钱29 760千文。经过上下齐心协力赈济，尽管灾后平遥人口由32万锐减至17万，但作为晋商主力军的平遥商帮，经过努力，保住了自己的大后方市场，也算一个不小的胜利。

民国九年（1920年），阿拉善草原大旱，牧草枯死，牛羊大批死亡，牧民生活无着落，有人乘机抬高粮价，大发灾难财。而祥泰隆的东家董枢和掌柜阎清龙却独具慧眼，认识到一旦牧民无法生存，四处逃荒而去，自己的市场没有了，祥泰隆也只有倒闭。他们充分认识到自身同阿拉善草原的休戚与共关系，决定全力救灾。急令全国各分号都以救灾为要务，携款到山西、河南、直隶、甘肃等地采买粮食，尽快向总号输送。总共购回白面、黄米200多万斤，平价卖给灾民，或无息借给灾民，帮他们渡过了难关。大灾之后，祥泰隆更进一步赢得了牧民们的信任，稳固地保护了这块18万平方千米的市场。直到新中国成立后，许多老牧民还念念不忘当年祥泰隆的恩德。

晋商这些着眼长远、注重市场保护的战略眼光，在资本主义现代化时期可以看到，出现在中国的清末民初，表现了晋商在当时的过人之处。

晋商在铺号管理方法上，虽因经营商品门类不同，号规各有迥异，但其管理原则是一致的，大致有如下几种制度。

第一，所有权和经营权分离制度。晋商早在明代中期就率先实行了股份制，尽管这种股份制是“无限责任”的，但在当时已经是很进步了，为企业的所有权和经营权分离创造了条件。这种制度由东家或股东会议聘用掌柜（经理），在交代清东家的经营思路和期望后，铺号就由掌柜全权决策了，包括人事权、业务管理权、资金调配权等，晋商的利润分红期一般为三年，所以掌柜任期也是三年，可以连任。掌柜任期内东家不得干预铺号一切事务，不能动用铺号钱物，包括预支、借支。三年期满，东家或股东公推的代表到号主持分红，听取掌柜汇报，重新任用掌柜。

这种管理制度突破了晋商早期的家族性经营制度，革除了股东家族成员在资本运转中享有决策特权之弊端，提高了资本在市场中的竞争力，使具有管理才能和实践经验的优秀人才脱颖而出，使商业资本的运转更趋合理化，管理制度更便于落实，提高了企业效益。

第二，“顶生意”制度。晋商管理制度中另一项重要制度，就是“顶生意”制度，即人力股持有制度。规定掌柜和其他业务骨干，按照岗位、资历、管理能力、对铺面贡献等方面的区别，可在铺号中持有不同数额的“人股”，这种股份在分红时同“银股”享有同等权利。这种人股制度，山西人俗称“顶生意”。

掌柜持人股最高，可持一股（相当一银股），其余人员依次递减。每届掌柜任期满后，东家对所有“人股”都要做一次全面审核，依据持有人股者的贡献、升迁等因素重新认定，可升可降可免。本人主动辞职离号，则视为自动放弃人力股。如果在号时殉职或病故，所持人力股最多，仍可参加今后的三次分红。人力股的持有权不许继承。

这种制度，使掌柜、骨干职员都成了股东，同东家结成利益共同体，使全体人员更加爱岗敬业，精心经营，提高了责任感。但人力股消失制和不准继承人股的规定，标志着掌柜和所有员工都是在为东家创造剩余价值，同东家仍然是雇佣关系，而不是平等关系。对人力股的限制规定，也使人力股总量不会无限增长，不会危及股东的根本利益。

第三，学徒保举制度。学徒入号，必须先由一位有名望、有信誉的人保举，经掌柜面试批准，方可入号学徒，山西人又把学徒叫作“学年青”。学徒期三年，先从洒扫搬运等粗活开始，同时向掌柜指定的老店员请教有关知识，要求做到“三勤”（眼、手、腿）、“两稳”（口稳不传闲话、手稳不偷东西）。三年内不准离号探家，没有工资，铺号管吃住，表现好者逢年过节可得点赏银。三年合格出徒，经掌柜批准，可成为正式店员，开始有年薪，表现好的还可顶少量“生意”（人股）。三年内如违号规，或不敬业上进，掌握不了应知应会的业务本领，或因生性愚钝而不宜经商者，掌柜即把保举人请来，委婉相告，另请高就，由保举人客气体面地把该徒领走。

这种制度，要求保举人对被荐者有绝对驾驭能力，有社会信誉，使学徒被辞时，劳资双方的矛盾有了一定的缓冲空间，也不伤学徒的人格脸面，体现了晋商“买卖不成仁义在”的儒教商德。

第四，分红时的留“厚成”“倍股”制度。晋商多数商号，每当分红结账时，多能居安思危，清醒地认识到市场变幻的深邃性，对下一轮资本运转中可能出现的市场需求、资源配置、社会政局、同业竞争等变化，宁可估计得困难一些，所以要留“厚成”，搞“倍股”。

分红前先截留一块红利，名曰“厚成”，转入铺号流动资金，增大企业抵御市场风险、通货风险、政局风险等各种冲击因素的能力。“倍股”则是在分红时，按股计出每股应得红利后，按股（含人力股）扣回一定比例的银两，返还铺号作为资本，扩大了固定资产，便于扩大再生产。这样做可以使每股的金额值有所增长，故曰“倍股”。处于明清时期的晋商，在经营上有如此的超前意识，在商业管理文化上，无疑是一大进步。

第五，翔实清晰的财务制度。明清时期，朝廷对商家实行年税定额派收制度，商号的账务重点职能在于对号内资本运行的管理进行监督，对劳资双方的利益公正负责，但不负有对国家及社会其他事业的责任。账务管理主要在于使钱物平衡，反映钱物活动的全过程，多为简单的钱物收付账，对外暂收暂付账务设有水牌和账褶。

每日“打烊”后,财务人员都必须理清当日账目和现金，并报掌柜过目，日清月结，绝不允许做假账，否则上下相互欺骗,人心不齐,企业必垮。因而假账是晋商的第一大忌。

另外还有号规，即人员管理制度、生活制度、赏罚制度等。

（五）儒教理念，消费独特

晋商经济来源于中国封建农业经济，其发展长期依赖于中国封建社会，其道德伦理、思想理念等盖出于儒教。

晋商中积有万贯家财的巨富商贾比比皆是，有的甚至富甲天下，但他们的消费观念都从未摆脱中国的儒教传统观念，尤其在吃、住、礼、名等方面，更为突出。

发家之后，本来“吃”的消费早已不在话下，但历代富商几乎都循着《朱子治家格言》中倡导的“一粥一饭，当思来之不易”的教诲，而且教育子孙，代代相传，常年以面食蔬菜为主，克勤克俭，而当婚丧喜庆、祝满月、过寿时，却认为“银钱如粪土，脸面值千金”。认为平时生活关着门在自己家，吃什么外人也看不见，而庆典之日，面对社会，面对众亲友，派头不足会被人笑话。为了风光体面，为了露脸，不惜重金，礼乐齐备，大摆宴席。大则“满汉全席”“上、中、下八八”“四四”，小则“十二祺”“十大碗”“九碗九碟”。猴头燕窝、熊掌鱼翅，相互攀比，登峰造极。

商贾之眷属们及商号伙友，平时终年面食，令人烦腻。而喜庆节日又必上山珍海味，竭尽显富之能事。在这种饮食消费需求中，烹饪从业者必然要在面食上创新花样，蔬菜烹调上变换口味。创新后的面食花样达200余种，使商家在节俭的基础上既能每日更换食谱，又能花样可口，形成一种以面食特色著称的山西饮食文化。所以说山西面食文化是晋商消费文化的副产品。

山西商号的厨师有“精灶”“面案”两类，“精灶”厨师必以排场宴席及高档佳馔、特色风味菜肴为拿手技艺，“面案”厨师应以花样面食和“炉食”（糕点）为特长本领，各把一关。

晋商的居住消费观念，同饮食消费观念有所不同。作为社会职业排位最末的商人，尽管他们能坦然经商，但其内在心理的自卑感是难以消除的。一有机会就要设法弥补。他们认为住宅是摆在社会上的永久性有形标志，是家庭外在形象的“门脸”，丝毫马虎不得。因此在营造住宅方面舍得花重金，既注意“阳宅风水”，又注意气派高雅。明代对官民宅第的礼制等级规定森严，住宅开间、高度、门户大小、门槛高低、饰物图案等，都有规定，按官品等级依次递减。晋商虽有钱财，绝不敢逾制，只能循规蹈矩。清代住宅礼制渐废，加之捐纳之风日盛，门第等级规制已形同虚设,住宅建设只要不涉及“九开间”“龙凤图案”“黄色彩绘”“歇山屋顶”等皇家专用礼制，任你大兴土木。现存祁县乔家、渠家，太谷曹家，灵石王家等大院，都是晋商豪华住宅的典型代表。平遥古城内现存的明清代晋商大院更俯拾皆是，保存完好者 399 处，成为当今研究晋商文化的历史标本。

山西的富商巨贾对于投资办学、造福桑梓也是舍得解囊倾财的，这是晋商经济同文化教育相互需求的结合点。因为晋商经济飞速发展，必然出现对人才的普遍需求。晋商的子弟更需要培养教育，以便长大后子承父业，发扬光大。但是山西人数百年来总是“教育投资多,进士及第少”，以平遥县为例，明清两代600年中，会试约200场，平遥县无一进士及第者,仅中进士10人,而且多数是第三甲（同进士出身）。

晋商在办学上是不吝消费的，清光绪八年（1882年）《平遥县志》载，道光二十四年（1844年），为办“超山书院”，各商家捐银13 000多两，立为基金，存当得息，用于助学。全县商家公推24人组成“大成社”，轮流值年管理。平时也屡有捐银助学者，光绪八年（1882年）五月，日升昌票号东家李五玉之母诰命夫人李王氏，捐银3 000两，资助超山书院。

为资助本县生员参加科考，光绪六年（1880年），平遥县由蔚盛长票号财东程遵濂，带头捐银5 580两，魁泰烟店东家邓元文捐银1 000两，知县赐良也捐俸银200两，其他商号也纷纷响应，共捐银13 800多两，存当行按六厘五生息，又建立了一项助学基金，成立平遥“宾兴文社”，由商界公推20人担任社董，负责管理基金使用。这项奖学基金被现代人戏称为平遥的“诺贝尔奖奖金”，比瑞士1901年创设的诺贝尔奖还早21年。

尽管晋商如此慷慨解囊，资助办学，但它重教助学的根本目的在于培养经商人才，而不在科举，早年山西人有句教训子女的俗话：“你爹住过翰林院，没钱称不来二斤面。”此话很有寓意。从山西各地的启蒙教育教材选择、教学侧重分析，即可一目了然。孩童都上私塾、义学或社学，都同样侧重从三个方面的教育入手，即识字、学算、练字。识字必先读《三字经》《百家姓》《千字文》《朱子治家格言》《交际尺牍》等，使孩子们从识字开始，就逐步认识儒教道德，熟悉社交知识，不但有益于将来经商，而且简捷明快。启蒙教育的另一重点是学算，先背乘法口诀，再背古时十六两制斤秤的价格推算口诀，“一退六二五、二一二五、三一八七五……”然后开始学练珠算，先打“小九九”，再打“凤凰单、双展翅”“狮子滚绣球”“九九八十一归”“飞归”等，不一而足，熟中求巧。为新一代经商者在运算上打下坚实的基础。识字学算的同时，孩童们每天写仿练毛笔字，同样是启蒙教育中要求过硬的学科，平遥人有句俗话：“字是出马枪。”可见其重要。

至于朝廷以“修身、齐家、治国、平天下”为教育目的而设的“四书”“五经”等“圣人”言论，儒学经典，在这里只能屈居其次了，难怪山西教育消费同科举中式的反差如此之大。

五、晋商文化的历史借鉴

清朝末年开始，西方资本主义列强侵入中国，打破了中国千百年来闭关锁国的封建经济格局，西方的先进文化和科学技术也传入中国，特别是西方现代化的银行入驻中国，使中国的封建农业经济，包括附着于其上的商业经济、金融经济，都受到了不可抗拒的冲击。经济资源被掠夺，经济运转链被打断，经济格局被迫重组。从此各大票号在外国银行强有力的挤兑下，纷纷落马倒闭，画上了千古遗憾的句号。晋商也从此分化，有的破产倒闭，有的转变成新兴的民族资产阶级，有的成为官僚买办、洋行代理。

雄风数百年的晋商文化已成历史，但他们早期的创业精神，中期的敬业精神，晚期的拼搏精神，都是永远值得当代人继承学习的。

中国票号鼻祖——日升昌

凡到平遥古城旅游的人，必游日升昌票号旧址，即中国票号博物馆，认为游平遥古城没到日升昌，等于没有来，可见其在海内外的盛誉及在平遥旅游资源中的排位。日升昌是中国第一家票号，成立于清道光三年（1823 年）。它的诞生，揭开了中国商业、金融业的新纪元。其旧址位于平遥古城内西大街小十字口，占地面积 1 400 平方米，现存建筑共 21 座。

一、日升昌的诞生

平遥城西十里有一个达蒲村，村中财主李家的住宅叫李家堡，是村中首富。李家自清乾隆年以来，一直经营颜料生意，号名“西裕成”。当时颜料行业是平遥商人的拳头行业，字号遍布全国。李家在清嘉庆初年的传人李大全，为人老成、精明，十分注重人才的选用。一次，他在城里北大街一家“宝局”（赌场）消遣，发现该局摇“宝箱”（赌

日升昌票号

盒）的一位青年精干聪颖，此人名叫雷履泰，平遥细窑村人，自幼读过几年私塾，因家境苦难，辍学进城学生意，在宝局供职，有些才华。他就设法说服了雷履泰辞职到他所开的西裕成颜料庄供职，雷履泰被派往汉口分庄。雷履泰的才智和敬业精神，受到当时汉口分庄协理程大培的重视和提携。他很快以出色的成绩被总号大掌柜任命为西裕成北京分庄经理。从此雷履泰如鱼得水，大显神通，使北京分庄的业务突飞猛进地增长，资本逐渐扩大，成为北京颜料行的领军人物。乾隆、嘉庆年间，商贸业发展很快，各行业的贸易额不断增大，贸易地域越来越广，现银周转发生了困难。最初，平遥颜料商及其他商人，过年回家要把赚下的银两带回，但携带不便，又不安全，就求雷履泰帮忙代收，并写书信请平遥总号照数代付。结果上门求其代办者越来越多，并自愿付给手续费。雷履泰从中得到启发，觉察到现银交易转运已远非“镖局”所能承担的历史重任了。他联想到唐、宋时期“交子”“飞钱”以及“账局”等历史经营实践，决心创立一种新型的行业，以“会票”做手段，以现银为商品，即票号业。

雷履泰说服东家李大全放弃祖传的颜料生意，改营票号，取名“日升昌”。任命雷履泰为大掌柜（总经理），并聘请商界奇才毛鸿翙做二掌柜，当他的助手，负责编制营运规则、方式，订立号规号约，力求周密无懈。程大培和雷履泰为早年的知交，他被聘为三掌柜。

日升昌成立后，先在北京、天津、上海、汉口、张家口等地设立分庄，开展汇兑业务，后又增设了存贷业务。从此，中国商业资本开始了再分离，金融资本逐渐成为独立完善的资本，为现代银行打下了前期基础，因此作家余秋雨称票号为当代各种银行的“乡下祖父”。

二、日升昌的经营特点

（一）资本统一运营

日升昌票号成立后，派往各地成立分号的人，先依托原西裕成的旧有资金起步，再吸收存款、汇兑等逐步扩大资本。各分号的人事权归总号，印鉴由总号刻制，为防做伪，隔一段时间要更换。各分号的全部资金活动过程，必须逐日清结，反映于账面上，同总号及其他分号的汇兑往来，要详细记清，并以信件（后也用电报）逐一报告总号，有特殊情况者则派专人回总号面禀并聆听总号的战略决策和具体指导。总号同分号相互间的信件都要誊录底簿，并逐一编号，不得涂改。起初，二掌柜毛鸿翙也定期到各分号巡视并面授机宜。各分号的业务量和利润是考核其工作的核心指标，也是决定每个成员前途及薪金的主要依据。

（二）严密的防伪措施

为防止假冒会票，日升昌创造用汉字代替数字的办法填写会票，仅供内部机要人员熟记，不许外传。这种用汉字代替数字的办法被定名为“密押”。为方便记忆，都编成有教育意义的诗句。为防假冒，密押也经常变更，由总号编制，分送各分号使用。日升昌中国票号博物馆中张贴着曾用过的一套密押，既实用易记，又寓有深刻的敬业教育内涵，观者无不感叹敬佩，他们把一年12个月编为“谨防假票冒取，勿忘细视书章”，每月30天依次编为“堪笑世情薄，天道最公平。昧心图自利，阴谋害他人。善恶总有报，到头必分明”。代表10个自然数的代码是“生客多察看，斟酌而后行”。并以“国宝流通”代表“万、千、百、十”，真是天衣无缝。这些密押还都编成处世格言和业务要领，不但他人难以识别，而且对伙计们都有普遍教育意义。

后来又在会票上做文章，定制会票纸时，就在纸的四角设置“水印”记号，使造假更难。

总号及各分号的会票填写人，由总号专门指定，不得随便变更，各分号都能准确识别这些人的笔迹。由于日升昌尽可能地设立了各种防伪措施，在日升昌百年历史中，从未出现过一例差错。尽管日升昌后来的业务扩展到俄罗斯、日本、新加坡、伦敦、旧金山等地，同先进的资本主义金融文化互相碰撞，但由于经营者能与时俱进地改进完善自己的经营手段，所以也从来没有发生过业务差错。

（三）媚事官府权威

日升昌票号虽然属于经济领域的新生事物，但它所附着的主体仍是封建经济，因而在其行为准则、思维定式等方面，同样要以封建道德、伦理为准则，势必要媚事官府权威。再者同官府处好关系，还能把官税、军饷等大宗汇兑业务承揽到手，获取更多利润。例如，1886 年四川续解海防捐输银 10 万两，1891 年清政府修建关东铁路，指派各省的官员筹拨经费等，都是日升昌等票号汇解的。

在清王朝财政困难时，日升昌等票号的东家、掌柜都以捐官、捐功名等形式，从经济上支持了朝廷，日升昌东家李箴视，不但捐纳了“知府衔加六级”，还为其父李大全、祖父、曾祖父也捐纳了“荣禄大夫”（从一品）的官衔，李府女眷捐得“夫人”“宜人”者也很多。花大钱光宗耀祖，从其观念上也认为值得。1900 年，八国联军攻破北京时，慈禧、光绪西逃途经平遥时，日升昌也积极参与筹款，为“两宫”孝敬盘缠，他们也因此被慈禧恩准汇兑官银。他们媚事官府，当然能得到官府的保驾护航。

（四）诚信为本，公平交易

日升昌同其他票号一样，恪守诚信为本的原则，前文概述中已有事例，不再赘述。

清代国库及各级官衙、民间流通等各方面的白银“成色”，即纯净度不同，为此，日升昌在业务活动中都要认真辨认折算，按该号所用标准折合，以增减分量来补齐。

三、日升昌的管理办法

日升昌票号在100多年的经营中，形成了一整套管理办法，据现有资料记载，较为完整的有以下六点。

（一）资本结构

日升昌票号初创时，本银为36万两。这是原初起动的银股,随即有掌柜及骨干人员持有“人股”一同参加分红，这一块称为正本。另有每期分红时所留“厚成”及东家分红后的返存款等每年亦有息，可作为资本运转，这一块为副本。日升昌后来仅副本一项就增至白银200多万两。

（二）票汇规定

日升昌的汇兑手续很严，从来是“认票不认人”，会票运行的制度很严，专人填写会票，不断更换“密押”，防伪图章及水印专用纸等。对汇兑时间要求及成色折算亦很严格。如道光三十年（1850年）正月十九，日升昌张家口分号致京都分号的信中说：“又定会过苏（州）交万盛隆西批足银三千两，与伊立去会票一张，注定在苏（州）三月十五日至二十日见票无利交伊，咱在口（张家口）正月内收足宝银一千两，下余两千两四月镖还咱，所有迟早日期，除空伊八十日以三厘八分（毫）在口结算外，每千两贴咱会费银一两五分，公封去伊备五十两钱砝一副，其平每五十两比咱平合砝大九分兑。”

（三）汇费问题

日升昌汇票

日升昌票号之汇费，因两地平色高下、期口的淡旺、月息的大小、路途的远近而不同。一般为承汇额的 1% 以上，存款月息二三厘，放款月息七八厘。如咸丰十一年（1861 年），平遥汇往开封日兴盛商号 1 000 两，汇费 14 两。同年，由平遥汇往汉口永逢源商号 10 000 两，1 月 20 日至 30 日收，春际交，得期约 70 天，每千两汇费 15 两。承汇官款，汇费较固定，且略低于商号。据光绪二十四年（1898 年）河南巡抚刘树堂奏折所记载:“共集银九万两，于本年正月十三日发交蔚盛长、日升昌、协同庆、大德通各票号分别承领汇解，定限二月下旬交江海官道衙门汇收。”此项每千两汇费为 10 两。

（四）报告制度

日升昌为了随时掌握全国各地之间的货物流向、市场行情的变化，以便及时调度资金，在总号和各分号之间，建立了一整套业务和信息报告制度。业务报告以“月清”账册和“年总结”账册为内容；信息报告用信件形式通过民信局传递，资料记载当时传信者叫“天成局”。各分号把收集到的业务信息，及对本号可能发生的影响分析传递给总号，总号做出综合判断，并做出决策，反馈给各分号，指令他们执行。如咸丰十一年（1861 年）12 月 24 日，总号给汉口分号的信中说：“明春沙（市）、湘（潭）之茶票……后手尚许有涨，大约明年口地与咱处办红茶之家定不能少，而南路之银，各家均无存项，明春咱处茶客之票亦有大涨。”所以，“只要贴费合适”，就“平铺拟明收会汉交银数万两”。这就给汉口分号揽收汇兑指出了方向。

（五）汇差结算

汇差结算是报告制度的主要内容。月清账册是分号每月月底要报告总号核查的，年总结账册是每年 10 月决算时分号报总号决算的。如日升昌清江浦分号咸丰二年（1852 年）年总结账册，即从咸丰元年（1851 年）十月底至咸丰二年（1852 年）十月的总结。其中：咸丰元年（1851 年）结存平足纹银 1 797.63 两，咸丰二年（1852 年）共收各处会票总额 183 788.72 两，全年净得利银 3 744.72 两，业务余银 1 218.52 两，四宗共收本足纹银 195 549.59 两。而汇出总额 188 800.34 两，应付存款息银 714.16 两，分号开支房租伙食杂支 961.89 两，撇春和钱店疲账银 285 两。四宗支出后，净存号白银 4 788.30 两。

总号对各分号的“月清”“年总结”账册核查无误后，即将报账中的收付差额，记入总号与各分号的往来账，如果分号汇出银及应支银小于收到汇银，其差额即是分号收存总号的银两数，如果分号汇出数及应支银大于收到汇银数，则为总号欠分号银数。

（六）红利分配

日升昌票号的获利途径主要有汇费、利息、平色余利、来标得色及其他。据统计，光绪三十二年（1906 年），全年总共获利 583 762.87 两，其中汇费 309 501.65 两，利息 258 337.44 两，平色余利 2 544.12 两，来标得色 327.29 两，其他 13 042.37 两。其中最大利源即汇费、利息，分别占 53% 和 44%。

红利分配据日升昌万金账记载，最初 6 年结账一次，后改为 4 年结账一次。经道光、咸丰、同治约 30 多年的发展，李家财股为 30 个，还有人力股，大掌柜顶人力股 1 个，大掌柜以下人员有 2 厘到 8 厘者若干，每次结账分红，最高时每股 1.2 万两，少时也有 7 000 两，按照每股分红 1 万两计算，李氏家族高时每次分红可分 30 万两，30 年总计可分210万两。

四、日升昌的衰落

辛亥革命后，日升昌受到致命打击，它所依赖的封建社会结束，新军阀不但互相攻伐，而且把持地方，自设银行，滥发纸币，社会又不稳定，日升昌迅速走向衰亡。日升昌的信誉也日落千丈，客户纷纷提现，业务运行逐年困难。特别是民国三年（1914年），北京分号担保合盛元向银行贷款，结果成为“呆账”，合盛元号的掌柜逃匿，北京检察厅追诉日升昌分号，分号代理法人侯垣携伙友及账簿逃归。北京检察厅行文平遥县，平遥县知事追捕有关人员。结果总号大掌柜郭树炳、北京分号掌柜赵邦彦逃逸无踪，因而平遥总号及北京分号的不动产被查封，而且北京债权人追诉很多，司法部通过山西巡案使、高等法院，电令平遥县知事扣捕日升昌东家李五典、李五峰。

在此危难之际，一年前自动出号的二掌柜梁怀文自愿投案，赴北京为日升昌清理债务，请求释放东家。梁怀文在1913年总经理（大掌柜）张兴邦退位后，同郭树炳争当一把手，论资历、才干本应梁怀文居正，但其为人耿直，常以箴言直谏财东，东家不悦，即用郭树炳为正，梁怀文副之，梁怀文于1913年自动辞职出号。此时梁怀文见东家有难，便挺身而出，真是“疾风知劲草，国难显英雄”。李五典兄弟感激涕零，聘任梁怀文为总号大掌柜，赴北京全权处理债务。梁怀文对各主要债权人晓之以理，说明日升昌一旦破产，任你们有天大本领也无以为计了，如能转债权为股权，使日升昌复业，则在运作中以利还债，一举两得。最后达成协议，各债主撤诉，日升昌复业，订立新章程。延至民国十二年（1923年），零星债务已还完，梁怀文即请主要债权人正式接管，但仍用日升昌号名，改营钱庄。梁怀文这段为主分忧的故事，至今在平遥古城仍传为佳话。雄风百年，曾执全国金融业之牛耳，享有“汇通天下”盛誉的日升昌，从此寿终正寝。

旅蒙晋商骄子——祥泰隆

在内蒙古自治区西部的贺兰山西麓，腾格里沙漠东侧，有一片美丽富饶的大草原——阿拉善旗。土地面积18万平方千米，它的首府巴音浩特原名定远营（平遥人俗称“山后”，即贺兰山后面的意思），曾经有一座晋商老字号祥泰隆，主宰这里商业经济200多年。祥泰隆在阿拉善旗历史上的商业活动，在沟通汉族和蒙古族、回族等少数民族的经济、文化交流，开发牧区经济资源，促进畜牧业生产发展，供应牧民生产、生活用品，增进蒙古草原各民族的团结等诸多方面，都起过巨大的积极作用。

一、祥泰隆的历史

明末清初，晋商崛起，并向全国各地延伸，成为当时流通领域中的一支劲旅。他们不但向北京、天津、上海、汉口等大商埠发展，也瞄准了近在咫尺的内蒙古、宁夏等少数民族地区。清初，有一批平遥籍行商走碛口，过黄河，入河套，越贺兰，来到阿拉善旗草原。他们肩挑货郎担，背负货物包，活跃在阿拉善旗的牧民中间，深受牧民的欢迎。特别是蒙胞敦厚好客、诚实豪爽的民风，更使他们敢于大胆放手经营。这些平遥人就又结伙搭帐篷销货，后又在紫泥湖附近盖房营业，当时蒙古族札萨克（蒙旗首领）的王府就在紫泥湖的“爱肯”，紫泥湖一带自然就成为阿拉善族的政治经济中心。有一家叫“祥泰公”的，就是当时最早成立的商号之一，股东们多数是平遥人。

清雍正元年（1723年），祥泰公结束营业，股东们的资金又重新组合，组成了两个商号，一个叫定远堂，一个叫祥泰隆。因祥泰隆的股东多数为原祥泰公的股东，所以后人称祥泰公为老祥泰隆。数年后，定远堂倒闭，祥泰隆仍继续经营，以日杂、南锦（百货）、布匹为主营物品。

清雍正八年（1730年），清朝廷诏令在紫泥湖东八十里处建定远营城。两年后，阿拉善第二代王爷阿宝的王府迁驻定远营城，祥泰隆也迁往定远营，开设在定远营东门外“头道河子”以东，附近的一株大槐树就是一个重要地标。因而阿拉善旗的老人们谈起祥泰隆的轶事来，有句俗语：“先有祥泰隆，后有定远营。”定远营成为当时阿拉善旗的政治、经济、文化中心。祥泰隆也就大有用武之地了，而资金不足成为它发展的最大制约因素，当时还没有票号、钱庄等金融借贷机构，就向源泰当铺借高利贷。

源泰当铺是山西省平遥县西赵村董姓人氏所开，趁祥泰隆急于抓住发展机遇，扩大经营规模之际，也搭车发财。以“驴打滚”“内扣八”等高利贷方式，一再借银给祥泰隆。然而雄心勃勃的祥泰隆，由于受信息、运输、市场风险等因素影响，理想化为泡影，债台越筑越高，最后因资不抵债而破产。道光元年（1821年），源泰当铺彻底兼并接管了祥泰隆，字号依旧，只是换了主人。

源泰当铺在蒙古草原的建立说来话长。众所周知，早在明末清初，精明的晋商就利用张家口的边贸，和关外的女真人建立了关系，成为非同一般的朋友。清军入关初的顺治初年，朝廷就召见了当年的老朋友——山西“八大商人”，赐“二品顶戴”，封为“皇商”，归内务府领导。让他们继续为大清王朝的南征、平叛等做好后勤保障，给他们以丰厚的经济收益。其中范永斗（字萧山）是介休张原村人，翟堂是榆次人，平遥早年经商的许多“老乡”自然同他们有着密切联系，在完成大清王朝的统一大业中，他们都在后勤保障诸方面做出了贡献。他们捷足先登，较早地占领了内蒙古草原的市场。平遥西赵村董氏的发迹也盖源于此。

接管祥泰隆的源泰当铺的财东董得峰，字玉山，生于乾隆三十二年（1767 年），卒于道光二十四年（1844 年）。嘉庆年间例授正六品千总。接管祥泰隆后，董得峰独执该号股份的 72%，其余为小股和人力股。所以祥泰隆的历任总管（股东代表），一直由董得峰及其子孙担任，后来祥泰隆的股数扩大到 25 股，董氏控股也始终居于主宰地位。

董得峰娶六房夫人，共生五子，即振锺、振铭、振钺、振镛、振镗。董得峰之兄董得峥，十八岁殇而无嗣，董得峰遂将第四子董振镛为其继嗣，并把占家产总额半数的祥泰隆分给董振镛，其余四子平分平遥城内的“广裕公”等三个票号和一个棉花店，以及石嘴山的两座当铺等。此时，紫泥湖的源泰当铺已逐渐收缩，全部资金注入了祥泰隆。

董振镛为道光末年贡生，知书达义，生性刚毅，办事果断。奉父命任祥泰隆总管后，根据蒙民生产、生活的特点，市场竞争激烈的现实，大胆革除旧制之弊端，建立和完善了一套全新的管理制度和经营方式，聘用经商多年的赵廷斋（山西孝义人）出任大掌柜（蒙语叫“大朴苏”），为祥泰隆后来的蓬勃发展，奠定了坚实的基础。

董振镛于光绪元年（1875 年）去世后，他的四个儿子平分了股权，每人 1.8 股。从此，祥泰隆的总管职务实行了股东推选制，众推董振镛的次子董翰昌（字墨臣）继任总管，时年 23 岁。翰昌晚年因病辞职，其三弟国昌（字子正）接任总管。民国初年又由董翰昌之长子董枢（字星一）接任总管。民国二十六年（1937 年），董枢因脑溢血辞世，其三弟董樋（字子商）接任，成为祥泰隆最后一任总管，直至 1955 年公私合营。

二、祥泰隆的发展

董得峰接管祥泰隆后，正值晋商突飞猛进之时，随遇而产生的票号，鸦片战争以后出现的铁路、电报、邮政等，更使商业流通如鱼得水，如虎添翼。祥泰隆随此大潮，从资本规模、经营项目、开设分号等诸方面，一直不断滚动地向前发展。

股金从白银 8 000 两发展到 20 万两，还有上万头牲畜。到民国十九年（1930 年），资本高达银洋 120 余万圆。

祥泰隆的经营项目由原来的日杂、南锦（百货）、绸缎，逐步扩大到牲畜、畜产品、粮食、砖茶、药材、土产，无所不营。从批发、零售到收购、运销，从牧民的衣、食、住、行必需品到畜牧业生产资料，包揽无遗。许多经营项目处于垄断地位，左右着阿拉善旗的市场价格和金融业务，成为阿拉善旗这 18 万平方千米土地上的总后勤供销部。

祥泰隆在阿拉善旗草原的 8 个苏木（相当于区），设有 8 个分号，每个分号约有员工 30 人，经营牧民所需的各种生产生活用品，收购羊毛、驼绒、牲畜、药材等，每个分号各有一个牧场，牧养自己运货的驼队和收购待卖的牛、羊、马、骡、骆驼等牲畜，牧养人多用甘肃民勤县的人。各分号员工在掌柜的领导下，忠诚敬业，相互竞赛，每年销售额都在 3 万两白银以上，收购营业额都在 45 000 两左右，合计 7 万两。

在祥泰隆发展期间，1862 ～ 1874 年，时属甘肃行省的宁夏府，发生了以马化龙为代表的“西北回乱”，回、汉间进行了无休止的互相屠杀，直至陕甘总督左宗棠大军压境，历时 12 年的“回乱”才得以平息。12 年的民族互相残杀及朝廷镇压，宁夏一片“万户萧疏鬼唱歌”的惨状。社会稳定下来以后，素有“塞上江南”之称的宁夏地区，发展生产是当务之急，为占领宁夏市场，有头脑有胆略的商人们，自是趋之若鹜。时任祥泰隆总管的董翰昌，于光绪五年（1879 年）在银川今光华头道巷开办了广发隆货栈（广发店），从事大宗货物的收购和批发，岁入 10 万银圆。广发店名为客店栈房，实际上是批发收购经销部，该店的常住客人被称为“老板”，都是全国各地大商号的购销代理人。该店员工最多时达 200 多人，在宁夏各地遍设分号，有时一次进货可达几十万银圆，运货的驼队，可达 1 200 头骆驼。

光绪十三年（1887 年）由祥泰隆投资 1 000 银圆，在今解放东街 61 ～ 63 号处，开设了隆泰裕商号，主营绸布、南锦（百货）、日杂、土特产收购等。在宁夏及内蒙古草原也有不少分号。生意最好时，岁入可达 19 万银圆。广发店、隆泰裕初成立时为祥泰隆独资设立的分号商店，掌柜（经理）由祥泰隆委派。银川距定远营 100 千米，需翻越整座贺兰山，信息十分不便，常常延误商机。为此，总管（董事长）董翰昌果断决定让广发店、隆泰裕改为独立经营，掌柜由总管直接任命，祥泰隆仅为持 50% 股份的大股东，使两店能够放手经营，大大增强了市场竞争力。

到民国初年，广发店和隆泰裕又兼营鸦片、滩羊皮、枸杞子等土特名产的购销，获利更巨，使总号祥泰隆亦锦上添花，财源滚滚而来，三年结账时，每股分红可达 5 000 两白银，祥泰隆总号人员也由 65 人增加到 260 余人。

祥泰隆还在全国各地设立分庄，派驻了代理人，主要有北京、天津、兰州、南京、上海、重庆、汉口、成都、张家口、包头、归绥（呼和浩特）等，还在西安和宝鸡开设了分号。这使祥泰隆逐步融入全国大市场，有时还做一些畜产品出口业务。

定远营祥泰隆本柜全体同仁合影

设在各地的分庄和分号，购销职能各有侧重，包头分庄负责销售药材、牲畜和畜产品（羊毛、驼绒、皮张），收购砖茶、生烟、糖类、布匹，并包销四大栽绒地毯厂家的全部产品。包头还是后来祥泰隆的一个重要商品集散地，在阿拉善旗收购的皮毛驮到包头，再装火车运到京、津，京、津采购的货物，通过火车集运到包头后，再由自己的骆驼队运回来。

天津分庄主要推销头、二等驼绒，药材，采购绸缎布匹、日用百货，还负责羊毛、驼绒的出口贸易。

北京分庄主要采购蒙民喜爱的首饰（如珊瑚项珠等）、装饰品、鞋帽、绸缎等。

山西省蒲州分庄主要采购鱼牌砖茶，是蒙民最喜爱的一种饮茶。

山西平遥分庄主要采购土布和曲沃生烟，以分东和魁泰两种生烟为主，在内蒙古销量很大。

归绥、张家口也是祥泰隆货物的重要集散地。

祥泰隆购销大宗货物时，最高时需白银几十万两，均由山西平遥蔚泰厚承办。蔚泰厚票号首任大掌柜毛鸿翙是平遥县邢村（喜村）人，同祥泰隆东家董氏家乡西赵村相邻，多年来眷姻亲缘很多，且该号社会信誉不低于日升昌，当然是近水楼台先得月了。

三、祥泰隆的组织机构

祥泰隆在董得峰、董振镛两代人时，为独资经营。到光绪年间才开始吸纳外姓人股份，历任掌柜和职员也积累了一些人力股，虽然实行了总管由股东公推制度，但始终为董得峰后人出任，他人无缘染指。

祥泰隆的每个人力股同财力股同值，号内掌柜按常规持人力股一股，职员、伙计如长期忠实地在号内从业，足以信赖，且有才干，可经总管批准，允许持人力股若干，俗称“顶生意”，每股为十厘，凡持人力股者，都是股东，和持银股的东家结成了利益共同体。总管即全体股东的全权代表。祥泰隆的伙计称“伙友”，分为“俸伙”和“辛伙”，“俸伙”即不持人力股的伙友，每年可拿 30 两白银的“薪俸”，“辛伙”即学徒期尚未满的伙友，没有薪俸，只按号规吃穿在铺号，逢年过节或遇号内有喜庆，掌柜给点赏银。

总管平时在老家平遥居住，每到三年结账期时，需提前半年到号，主持结账分红，调整人事，修订号规，平时号务由掌柜全权负责。

祥泰隆总号设在定远营，并附设门市部 1 个，在阿拉善旗的8个苏木（区），各设分号1个。对宁夏隆泰裕和广发店，除持有5个银股外，由其独立核算经营。

总号设掌柜1人，有时设二掌柜1人，负责全盘号务，管账（总会计）1人，管账先生（会计）1人，记账员2人，库房管理员2人，跑外柜2人，“学年轻的”（辛伙）20～30人。门市部有掌柜1人，管账1人，跑外2人，买卖牲畜1人，伙友2～6人。

设在8个苏木（区）的分号，各设掌柜1人（不一定持有人股），管账2人，负责四路（东西南北）业务的伙计8人，每路2人，去各“巴嘎”（相当于村）销货、收购、要账。学徒6～10名，由伙计带领学蒙语、业务。

8个分号各有牲畜场1座，由1名有放牧经验的中老年人负责，雇用放牧工若干人，多为甘肃省民勤县人，不写合同，年薪40～50银圆，吃铺号穿自己。

担任掌柜、管账、管库的人，多为东家的亲戚或亲信。例如：赵廷斋是董振镛的亲戚，为首任大掌柜。继阎清龙（字友天，平遥北城旗杆街人）之后出任总号最后一位大掌柜的李光清（字味泉，平遥北城甜水巷人），是总管董枢的内弟。光绪年以来，也不乏从伙友出身，有经验、有才干者中擢升的掌柜。例如，光绪年间的掌柜赵启让（平遥阎良庄人）就是由伙计熬上来的。冯岐凤（平遥南城人）

年轻时在分号当牧工，后回总号当伙计，虽才干稍逊，但多年来经验丰富，忠信有余，不但擢升为掌柜，还和股东董书昌（字丹臣）结为儿女亲家。祥泰隆的历任掌柜还有霍根元（平遥遮胡村人）、侯汝楫（平遥洪堡村人）、郭殿魁（平遥东源祠人）、王应通（平遥道备村人）等。

四、祥泰隆的经营管理

祥泰隆规模宏大，分号分庄遍及全国，在经营管理上有一套严密的经营管理制度，即号规，主要内容有以下几点。

（1）凡本号股东，不论人数多少或股金大小，只能公推总管（股东代表）一人全权负责。总管只有任免掌柜的权力，无权参与具体号务管理，包括人权、财权。

（2）每 3 年为号内结账分红期，届时总管应提前半年到号，听取掌柜报告任期内资产负债情况。根据掌柜提请，结处特殊事务，调整人事安排，然后主持分红，如有亏损，总管全权处理债权债务。

（3）号内员工根据其工龄、表现、贡献等需顶人力股者，或需增减人力股额者，须经总管批准。一般大掌柜顶头股（10 厘），二掌柜 7 ～ 8 厘，新顶人力股的员工从 1.5 ～ 2

厘开始。每逢结账期，要对所有持人力股者进行全面德才考核，论功过而增减，以激励全号同仁爱号敬业的进取性。

（4）所有股东，不论其持股多少，一律不得干预号内事务，有特殊事情也必须由总管和掌柜协商解决。

（5）股东们一律不得到号长支短欠，如遇婚丧嫁娶、天灾人祸等特殊情况，须写申请，详具情由，由掌柜决定。总管也不例外。

（6）总管任命掌柜，必须从号内同仁中提拔，选择从小在本号出徒，长期爱岗敬业，严守号规，无邪恶嗜好，可以信任者担任。掌柜在任期内不得离号，2.5 年后，总管到号，交代清楚后，可回家休假半年。

（7）结账分红，3 年为期，须先扣除 20% 的“厚成”（公积金），作为企业扩大经营的预备金，或作亏损时垫补。同时，股东分红后，还要按各自所持股数，按统一比例，返还一定数量资金，列入固定资产，名曰：“倍股”。顶人力股者去世后，顶头股者家属可顺延参与 3 次分红，5 厘以上者 2 次，5 厘以下者 1 次。每次分红，盈亏多少不一。民国二十八年（1939 年），每股红利白银 3 000 两，而董枢担任总管期间，红利曾经高达每股 5 000 两白银。

（8）对号内同仁工作要求从严，生活待遇从优。顶人力股者实行供给制或半供给制。无人力股者，吃铺号、领工资，限额供穿。年薪一般中等者为 30 ～ 50 银圆，有特殊情况可超支，号内同仁工作 20 年以上者，可退休领补贴，伙计每 3 年探家 1 次，假期半年，工资照发。

（9）祥泰隆的账目种类繁多，管理严谨。账务分门别类，记载详尽。号内发生的一切经济行为和现金、实行收支，都记录在案，保证了管理制度的畅通执行，促进了企业的发展。

祥泰隆账目用途明细表

账　目	用　途
万金账	资本总账
宁夏往来账	记载同广发店、隆泰裕往来
分号主来账	同各苏木的分号往来
浮计账	记载成交大宗买卖现金逐笔往来
大流水账	业务往来现金账
活流水账	客房取用货物的实物往来账
牲畜账	记自养牲畜的存栏、购入、卖出情况
卖驼账	记以驼折款收来骆驼的存栏、卖出情况
杂项支付账	记号内各项用品开支

续表

账　目	用　途
大支便账	股东、掌柜临时特准支用现金账
小支便账	职员、伙计临时特准支用现金账
过路账	外旗蒙古人货物往来
雇工账	雇工、伙计工资支出
一号蒙古账	经常来往的蒙族客户往来账
二号蒙古账	来往较少的蒙族客户往来账
一号汉人账	经常来往的汉人客户往来账
二号汉人账	不常来往的汉人客户往来账
帖号账	因现金周转不足，发放代金“银帖”账
交谊支出账	请客送礼，客户免费食宿支出现金账

五、祥泰隆的经营特点

祥泰隆在阿拉善草原之所以能维持 225 年之久，除了其严密的管理制度之外，它的独特经营方式，也是使它立于不败之地的主要原因。其经营特点主要可归纳为以下几方面。

（一）资金独立运转，发放代金“银帖”

祥泰隆资本雄厚，而且通过分红“倍股”，留“厚成”等措施，不断进行扩大再生产，除偶尔短期周转外，一般不借外债，依靠自身资金独立运转，不断增强对市场波动、金融风险的抵御能力。并且，每年发放代金“银帖”，流通使用。这种方法，既减轻消费者携带硬通货的不便，又是一种长期无息集资行为、转嫁风险及扩大自身硬通货储备的行为，实际上是较早地使用了现代经济的纸币形式，足见其经济发展的超前性、先进性。

（二）上拉官府人情，下适蒙民习俗

为了能在定远营长期立足扎根，祥泰隆十分注意当地“入乡随俗，走府地随府礼”的礼俗，采取多种形式，利用多种渠道，加强同王公贵族、地方官吏的关系。逢年过节，或遇王公官员有婚丧嫁娶、生儿添女之事，必派干练之士携厚礼登门敬贺。春节期间的酒席宴请，上至王爷，下至一般官吏，无一疏漏，个个酒足饭饱，尽乐而归。如此二十余日，其他商号岂敢攀比。

民国七年（1918 年），祥泰隆曾和当时的阿拉善旗札萨克（王爷）达里扎雅，合资开办“乾锡永鸿记茶庄”，投资白银三万两，双方各半。经营的砖茶是蒙民的生活必需品，该茶庄有王爷做东，实际上已垄断了茶叶生意，他人谁敢与之相争，几十年里祥泰隆在茶叶生意上获利甚巨。

祥泰隆还对旗府官员优惠借贷，既无利息，又无限期，随用随借，从不登门讨账，个别确有困难无力归还者，则将其借据密送府上，消其不安心理，使借者常有以涌泉相报的感激之情。众官吏如此受惠于祥泰隆，自然就都成为祥泰隆的保护神了。

然而，拉拢上层是手段，追求利润是目的。祥泰隆对普通蒙古族牧民，也根据其生产方式、生活习惯，采取了许多与之相适应的，牧民们喜闻乐见的特殊经营方式。

第一，赊销预付，秋季结账。祥泰隆根据蒙古族牧民春贫秋富的特点和淳厚诚实的民风，尽量提供方便，把生意做活。牧民们来总号门市部买货，多是赊销记账，只记品名数量，不记价格，欠账不计息。秋季到来，羊毛、驼绒收获，牛羊牲畜长成，即以物顶账。各分号的销货也是根据社会调查和多年经验，报总号通知各外庄采购。早春二月，总号将货发下，各分号负责“东西南北”各路业务的伙计，携货物送往各“巴嘎”（村）牧民手中，不收现款，不计脚银，记账后还要询问下次需带什么货，以便采办。这种经营方式，对于长年过着游牧生活的牧民来说，真是太方便了，皆大欢喜。秋季收获后，也是由送货伙计下去收账，以物折算。至于双方物品价格，事先都不说明，收账前才由商号和“巴嘎达木勒”（村主任）协商，由达木勒宣布。看似公平，实际巴嘎达木勒平时常吃商号宴席和受礼，届时商人不公平地定价，他也就顺水推舟做人情了，何况有的分号还有官员入股。

赊销账上不但记牧民姓名、面貌特征，连其直系亲属也详记在册，而且有王府做后盾，谁敢逃账。每年秋季结算时，难免有个别牧民的少量欠账，确实无力偿还，祥泰隆即当众宣布核免，赢得蒙胞的感激和赞誉。

祥泰隆为了维持信用，从不卖假货，即使假劣商品的利润率再高也不屑一顾，从外庄进货到销出，层层把关。

第二，热情待客、食宿免费。有牧民到定远营总号来购货，或参加每年八月初一“那达慕”大会，或参加八大喇嘛寺庙会路过这里捎货，祥泰隆都热情接待，还按蒙古族风俗献奶茶、奶油、奶食品、炒米和炸油果子，午、晚餐四菜一汤，上好白酒可以开怀畅饮。必要时，祥泰隆还摆上蒙民传统美味佳肴“羊乌叉”（烤全羊），晚上招待看戏、打麻将，还代喂坐骑等，全部免费。临走捎货时，大开仓门，任君选购，不收现金，记上物品数量，秋后算账，受此厚待者激动万分，都赞美祥泰隆：“赛空白那！”（好极了！）

庙会时，来号者少则三五十人，多则上百人，祥泰隆照样免费招待，其他商号望尘莫及。

草原上的各个分号，也是如此厚待客人，所以在牧民中产生了深远的影响。蒙古族牧民豪爽好客，他们也以同样礼节招待祥泰隆的送货和收账的伙计，更不计较价格。看似“亲如鱼水”，其实是“羊毛出在羊身上”，这也是祥泰隆的高招。

不仅如此，由于阿拉善处于中、蒙、俄边缘接壤地带，所以历来许多过客，途经阿拉善时，祥泰隆都会免费提供食宿。据阿拉善历史博物馆展出资料记载，1925 年，邓小平从苏俄回国时，就曾在祥泰隆小住数日。

第三，培养学徒，蒙语当先。祥泰隆每年收学徒 10 ～ 30 名，清一色平遥人，年龄 15 ～ 20 岁，身体健壮。三年学徒期内，除学会做生意、记账打算盘外，最重要的事情就是熟练掌握蒙语和蒙古族风情习俗，否则，生意学得再精，也不予录用，或延期出徒，或另请高就，对任何人也不例外。

这种规定，保证了经商队伍的精干，克服了语言屏障，便于感情交流，容易入乡问俗，能更好地取得蒙民的信任，客户来号也不再有陌生感。

祥泰隆对牧民的服务是全方位的，即便你要的东西本号暂缺，也不会让你失望，立即派人到别的商号替你选购，代付款项，本号记账，包你满意而归。

每隔三年，股东要对掌柜及诸同仁、伙友评核一次，以便决定新顶人力股者和对已顶人力股者的份额增减。伙友们都来自平遥老家，相互都有暗中竞争的决心，有为父母争光的心理，使祥泰隆的经营管理人才不断脱颖而出，后继有人，生意越做越红火。

第四，丰年储粮，歉年抛售。阿拉善草原的人民，以牧为主，粮食不能自给，所以粮食营销大有利可图。祥泰隆有巨大的粮仓，可存粮 300 ～ 500 石（每石 70 公斤左右）。丰年时趁农民秋后急用款之机，派人到宁夏、甘肃产粮区，低价购入大批粮食，次年春荒或遇灾年时，高价抛售给牧民，再用秋后以物顶账的办法结算，获利甚多。

（三）努力救灾保民，保护消费市场

祥泰隆作为阿拉善旗经济流通的主宰者，牧民日用必需品，粮食、茶、酒、烟、糖、布匹的全部消费中，祥泰隆经营量高达 70%，所以说这块消费市场也主宰着祥泰隆的经济命脉，彼此休戚相关。每逢大灾之年，祥泰隆在救灾保民中必居首要位置。民国九年（1920 年），阿拉善旗大旱成灾，大量牲畜死亡，牧民严重缺粮。祥泰隆竭尽全力，从全国各地购运黄米、小麦等 5 000 余石，借给牧民群众，帮助牧民渡过难关，不但自身赖以生存的消费市场得到保护，还进一步赢得了民心，直到新中国成立后，许多老牧民还念念不忘祥泰隆的“恩德”。

六、祥泰隆的衰亡

1937年，“卢沟桥事变”后，祥泰隆就迅速走上下坡路，它同我国民族资产阶级及其工商企业的整体命运一样，外受日本帝国主义的侵略和掠夺，内受军阀和官僚资本主义的压榨和盘剥，逐步走向衰亡是必然趋势，这也是中国民族资产阶级在民主革命中孤军拼搏的必然归宿。就其具体情况分析，主要原因有三。

第一，“七七事变”后，日军长驱直下，国民政府在“攘外必先安内”的政策下，使繁华的东部半壁江山沦入日军魔爪之下。祥泰隆虽能侥幸局促一隅，苟安一时，但各地生意伙伴破产、逃亡，驻外分庄无法正常营业，交通中断，内外运输阻滞，货物不断被抢、被盗，资本不但不能正常运转，反而不断流失。

第二，国内军阀和官僚资本主义趁火打劫，大发国难财。当时阿拉善旗隶属宁夏省，宁夏军阀马鸿逵以“抗战”为名，不断加大对老百姓的盘剥，大发国难财。抓兵、派款、征粮，陷阿拉善旗各族人民于水火之中。比之日军占领区，有过之而无不及。

民国二十八年（1939 年），马鸿逵强行设置“宁夏省政府驻定远营办事处”，使其掠夺名正言顺。马鸿逵在阿拉善旗的掠夺手段主要有四。

（1）派款。巧立名目，收取苛捐杂税，什么直接税、间接税、货物税、印花税等，达几十种之多。他还在旗境各要道设立“官卡”，对过往货物，横征暴敛。仅民国二十六年（1937 年），祥泰隆就被马鸿逵收取苛捐杂税、过卡杂费等四十多万银圆。

（2）抓兵。马鸿逵的办事处，在定远营实行保甲制，不定期抓兵，对商号允许“以马、驼代丁”。一名壮丁以五匹好马或七峰好骆驼顶替。祥泰隆每次被派壮丁十五名，需以七十五匹马或一百零五峰骆驼顶替。时价好马每匹四百银圆，好驼每峰二百银圆。1939 年后，祥泰隆先后被派丁七次，共交好马一百九十五匹，好骆驼三百三十峰。折合壹拾肆万肆仟银圆，连同银川的隆泰裕、广发店被派丁，总计交纳壮丁款二十万零八百银圆。

（3）强行垄断经营。马鸿逵还在定远营设立“宁夏富宁公司分号”（富宁公司是马鸿逵的私产），专门垄断阿拉善旗粮食供应和畜产品收购，严禁他人经营，并设特务机构监督，违者严办。祥泰隆当时的掌柜阎清龙，就是被这种土匪行径逼得走投无路而猝死的。阎清龙，字友天，平遥北城旗杆街人，生于1880年，自幼从业于祥泰隆，爱岗敬业，从伙友不断擢升，直至担任大掌柜。他善于经营，同阿拉善王爷达里扎雅十分交好，但抗战开始后，马鸿逵为了剥夺阿拉善的自治权，以“莫须有”的“亲日”罪名，把达里扎雅抓捕押送到兰州“西北军政长官公署”，欲借刀杀人。但西北军政长官朱绍良看穿马鸿逵的狼子野心，且为了稳定蒙民民心，采取对达里扎雅“软禁”的办法，使马鸿逵的野心没能得逞。但阎清龙则失去了“后台”，被釜底抽薪，对马鸿逵的步步紧逼毫无办法，硬是被逼死。据现仍在世的祥泰隆当年伙友，90多岁的王绳文（平遥道虎壁村人，退休后仍居阿拉善）老先生讲，白天马鸿逵以抗日为名，强行横征暴敛，夜里派人假装“土匪”，来敲店门，进行骚扰。搞得上下人心惶惶，1939年7月的一天午饭后，阎清龙靠着店铺外的明柱剔牙时，突然倒地猝死，大概死于心脑血管意外。

（4）掠夺牧民。牧民们不能安居，到处流浪避匪，畜牧业受到重创，民不聊生，购买力空前下降。

第三，时局剧变，人心思散。由于时局剧变，面对日军侵略，马鸿逵掠夺，祥泰隆经营困难。多数股东们对祥泰隆的前景失去信心，人心思散，设法抽逃自己的股金。股东董某的老婆(伙友们称其“董老婆子”)在山西沦陷前就带着儿子来到定远营，吵着要抽股散伙，在号内大吵大闹，大吃大喝，醉生梦死。总号执事者虽举步维艰，但散伙谈何容易，而且时局突变，连总管也不能到号，何以交代？有的股东跑到驻京、津等外庄，以帮助处理积压物资、委托代买货物等为名，企图以实物抽逃资本。驻外庄执事心中也有数，乐得做个顺水人情，自己也可乘机捞一把，真是一片树倒猢狲散的惨象。

面对此情此景，总号于1940年年底紧急出台了祥泰隆号规定补充细则，当时由天津赶回定远营的李光清（字味泉，平遥北城甜水巷人，董枢的内弟），已紧急接任大掌柜。规定补充如下。

——总管按三年结账规定赴定远营，沿途花费开支，由广发店、隆泰裕出账开支，返回平遥时的沿途开支，由祥泰隆总号支出。总管需购买家用物品，开支自负，号内一概不管。

——银川广发店、隆泰裕两号之号务，应由祥泰隆出面商讨处理，总管虽为“三大号”之总管，但不能直接插手该两号号务。

——三年结账期，总管如因时局或家务之故，不能到号，在号执事者有权处理一切事务。总号执事者有权调换各庄人员职位。

——本号驻外分庄或分号，一切事务唯总号之命是听，不得接受任何不是本号执事者的指令。住家或在外庄者，不论其身份如何，不得主办号上一切事务。

——未经总号批准，外庄不得擅自为东家、掌柜、同仁捎购物品，特殊紧急而刻不容缓者可先办，但应立即报告总号。

——民国三十年（1941 年）正月起，号内同仁如遇喜庆等事，本号上公礼 6 圆，股东不论人力、财力股，每股按 2 圆出礼。员工薪金 50 圆以上者出礼 1 角 5 分，以下者 1 角。

——本号录用同仁，须有相当字号荐保盖章，否则不得录用，即便是股东、掌柜的己亲厚友也概不例外。

——过付本号平遥同仁春秋两季的安家款以及休假在平同仁进城办事的食宿开支，一律由总号统一处理。

——各分庄、分号员工的一切功过，都要详记，并报定远营总号，同总号员工一体评核赏罚。

——本号同仁，不分上下内外，一律由总号支每人穿衣用布 8 丈，棉花 4 斤，每 3 年开支皮帽 1 顶。各分号同仁每年供给皮靴1双，由总号采办。分号不得列支，1年后可自行售卖。各同仁超规定的其他物品，一律由个人按市价购买，不予优惠。

——本号外庄及分号同仁一律不准在外擀毡，私自做生意、收养牲畜、赌博、冶游等，违者开除。同仁一经开除，非经总号同意，任何人不得复用。

——驻京、津、平（平遥）、绥（归绥）、宁（宁夏）、包（包头）人员，不论正副，每月发洋50圆，由号内出账，超支自理。

从补充号规不难看出，总号以加强集权管理、节省开支、防患内乱为本号规的核心，并对总管不能按期到号的最坏情况也做了估计，制订了代理原则，用心是十分良苦的。

然而覆巢之下，焉有完卵？在当时国破家亡、政府腐败的社会大环境下，谁也没有回天之力。祥泰隆的执事者，虽然都是些聪明绝顶的能人，但也挽救不了中国民族资产阶级的失败命运，一切挣扎都是徒劳的。1949年阿拉善和平解放，建立了“专员公署”，达里扎雅出任专员，任命老朋友祥泰隆大掌柜李光清为公署第一科科长，分管工商企业，李光清从此弃商从政，直到退休，1997年去世。

由于无法继续经营，祥泰隆不得不缩小规模，改变经营方式，于民国三十二年（1943 年）改名为“蔚生厚”，新中国成立后，1952 年改称“利民商店”。1955 年公私合营又改称“第一合作商店”。祥泰隆这块曾金光熠熠 200 多年的金字牌号，永远留给了逝去的辉煌岁月。千秋功过让后人评述。

平遥古城的礼俗文化

被列入世界文化遗产名录的历史文化名城平遥古城，它的历史遗存和历史标识，即现存城墙、寺庙、衙署、街道、铺面、民居等已成为文物古迹，正在逐步修复保护和开发利用。人们可以通过这些实物，去研究平遥历史，发掘其文化内涵。而那些不见经传的社会生活史料和礼俗文化，则逐渐地被时间湮没了，或被不知其所以然地继承使用。

我国历朝正史上，对当时的人际关系和重大生活事宜，从“礼制”“仪式”等方面，都有明确的规范和等级区别。最早可追溯至周代《仪礼》，近则可查到《大清会典》。但关于民间习俗的著作则所存无几，如南北朝梁宗懔著的《荆楚岁时记》，唐代苏鹗著的《苏氏演义》，南宋孟元老著的《东京梦华录》等，但涉及面有限，而且其民俗的时效性和地域性也很强。历代的政治、经济、文化、宗教等状况不同，其民俗自然也会不断变化和吐纳，现已难以考究了。即使是五十年前平遥的礼俗文化，现已多成为过眼烟云，难以完整汇集了。

何谓“礼俗”？“礼”即儒教道德伦理的社会规范，以及封建王朝的法律规定。“俗”即某时某地的民间习惯。二者相互映衬，相互融会，被当地百姓普遍认可应用，即当地之“礼俗”。早年一切礼俗中，都特别突出了一个“礼”字。因为有的“礼”甚至有明确的法律规定，如“五服制”“父母主婚”等，所以“礼”往往是全国性规范，一切“俗”皆须以合“礼”为前提，但也要结合某一地区的生产方式、生活方式、自然环境、社会环境、宗教信仰等。因而有“百里不同风，十里不同俗”之说。随着时光的推移，社会及自然条件的变迁，早年的各种礼俗也在不断改变、增减、消失，因而礼俗的时代性及地域性都很强，有必要及时地让它留下历史的痕迹。

封建社会里，“冠、婚、丧、祭”为人生过程中之“四礼”。冠礼为男子二十岁时加冠之礼，示其从此成人，但此礼在平遥已废多年了。因为在明清时代，民间普遍实行早婚，男女十五六岁即成家了，成家则应视为成年，自然会使“冠礼”失去意义，逐渐被弃。清康熙四十六年(1707年)《平遥县志》载：“冠礼不行已久，海内皆然，不止一郡邑也。”但平遥人对婴儿初生时的“祝满月”和满十二岁的“完十三”礼俗庆典，则十分重视，尤其对男孩子，更不敢从简。其余婚、丧、祭礼以及民间俗节，至今仍绵延于平遥城乡，虽然繁简程度各有不同，但“礼俗皆备”却是共同的。

婚嫁礼俗

一、平遥古城古代婚嫁礼俗

从婚礼形式程序上考究，黄河中下游地区汉民族，千百年来一直以周代遗制“六礼”为经典规范，但在多年的沿用中，发生了许多潜移默化的变更，使“六礼”之制有所取舍和侧重，形成了“百里不同风，十里不同俗”。各地婚嫁礼俗差异很大，就平遥一县之域考证，其四乡之婚礼习俗也有不同，但其儒教伦理的礼制是一致的。

《礼记·昏义》称周代婚仪全程有“六礼”，即纳采、问名、纳吉、纳征、请期、亲迎。

历代封建王朝一直沿用和推行“六礼”，但名目、内容等各有繁简之更改。北宋时，官宦贵族之家的婚礼，全部沿袭“六礼”，但士庶百姓则把“问名”并入“纳采”，把“请期”并入“纳征”。明代官胄门第照用“六礼”，庶人则减礼。《明史·志第三十一》称庶人婚礼："朱子《家礼》无问名、纳吉，止纳采、纳币、请期。洪武元年（1368年）定制用之。"清代官制仅注重纳采、亲迎。而平遥人在清代也只重视"定亲"（纳吉）、"纳征"、"亲迎"这三个程序，其余者都是合而行之，无固定礼仪。

清康熙四十六年（1707年）《平遥县志》中关于平遥婚礼习俗的记载是："婚姻六礼多不备，始结婚，或金二十帛四食盒二，或金十帛二食盒一，或金五六，或无帛，必设席遍招亲友。家长亲纳于女家，女家回以靴帽等物，名曰定亲。纳采或银一百二十两，或八十，或六十,二三十不一，币帛、衣服、布绵等物。家长求亲到女家，女家但回馒首等物与食盒而已。亲迎无所谓奠雁、御轮、合卺诸仪。及期，婿以羊酒彩轿，轿夫皆红衣大帽，彩旗、鼓吹、火炮，骑枪二对或四对，盛妆男女各二人，名曰娶客亲迎。女家设筵请内亲，宴至昏，与婿花红，亦盛妆男女各二人，名曰送客。兼致金银首饰衣服等物，新妇父兄抱新妇上轿。至婿门，用相礼人撒帐以五谷，门傍放草二束，覆之以红帛，燃火以拔除不祥。新妇背镜，步则藉以红布或生绢。新婿执弓矢至垣中天井，翁姑拜祖先，新郎新妇却立不拜。寝门限置马鞍，取平安也。床头预设柳斗，入，将男女所执物皆纳其中。食，新妇以拌面汤；夜，灯不熄；忌，三日扫除。

亲友贺，多书喜联贴门外，次日新妇拜合家及姑姊姒，人馈手巾一，诸姑姊姒酬以银或帕。无所谓庙见者。女家先期数日送妆奁什物，称其纳采之礼。十日新妇归宁，数日后女家宴新婿。新年，婿以猪首、酒、食盒拜妻父母，父母赠之以金。”

二、清末民初平遥婚嫁程序

平遥古城在古时候同整个黄河中下游地区的汉民族一样，把婚嫁看作是人生的神圣大事，其所以“神圣”和“大”，主要有“婚姻观念”和“婚姻目的”两个方面的原因。

首先是婚姻观念。人们认为每个人的婚姻都是“天人契合”之事。《易经》以自然现象解释人事，反过来又以人契合自然。即所谓：“自然有天地，人生有男女。”天与男属于“阳”，而地与女则属于“阴”。天地交感而生万物，男女婚媾而生万民。宋代孙觉著的《春秋经解》载：“独阳不生，独阴不成。故有天则有地，有日则有月，男女之义，婚姻之礼，天地之道，人伦之本也。”这些学说经儒家渲染，又称：“阴阳合而雨泽降，夫妇合而家道成。”之后引申为一种“礼”的社会渊源。

其次是婚姻目的。在漫长的封建社会里，不同于今日，婚姻是不能自主的，婚姻不属于当事人私事，而是所在家族的大事，它是保持和延续家族的手段。只有男婚女嫁，才能组成家庭，才能繁衍后代，才能使长辈生有所养，死有所葬，才能使家庙香烟不断。孟子曰：“不孝有三，无后为大。”把繁衍后代之责列为人生孝德之首，除其重男轻女之意，也强调了婚嫁为“大事”也。

婚嫁之事既为人生“神圣大事”，则必须突出一个“礼”字，也就是夫妻关系必须建立在“礼”的基础上。婚礼之用意还在于把婚姻关系合法化（即合封建礼制），舆论上公开化，使三亲六故、同仁邻里等一体周知，予以承认。因而旧时无论贫富，皆要举行“婚礼”之仪。

（一）主婚和媒人

在封建儒礼的道德伦理中，男婚女嫁时，“主婚”和“执柯”都是不可缺少的条件。青年男女恋爱，是一种正常的择偶行为，是结婚人个体主观意愿的体现，应属“基本人权”之一。而封建时代的婚姻制度，却不承认此权，而是以家族利益为前提，择婚是封建家族群体意志的体现。所以择婚之权成为当事人家长的特权，也就是说，此权属于当事人父母，或叔伯长辈等家族主事人，也即“主婚人”。

主婚人在婚姻过程中的主宰地位，受到封建法律的保护。如《大清律例集解》注：“男女结婚嫁娶，必有主张其事者，谓之主婚。由祖父母为孙；父母为子；伯叔姑为侄；

兄姊为弟妹；外祖父母为外孙；此皆分重义尊，得以专制主婚，卑幼不得不从者也。”这样，主婚人就可以完全抛开结婚人的意志和利益，抛开结婚人个人爱情这一最基本的因素。当然，从另一种意义上讲，家长或监护人出于婚姻当事人刚刚成龄，缺乏社会经验，帮助当事人处理好终身大事，应在情理之中。但那时候的“主婚”远不是以此为目的，仅诡辩之词而已。其根本动机还是出于封建礼教的约束，以“门当户对”“攀高结贵”为目标，以家族利益高于一切为宗旨，甚至以买卖婚姻为手段。

“执柯”即指保媒，媒人也称“执柯人”。《诗经·豳风》云:“伐柯如何？匪斧不克。取妻如何？匪媒不得。”《礼记·曲礼》也说：“男女非有行媒，不相知名。”媒人在婚姻中，既是介绍人，也是证婚人。婚嫁有了具体媒人，才算得正规，符合“礼法”，这就叫“明媒正娶”。

这样，在旧式婚姻中，必须有了主婚人、媒人，其婚姻才为合法（封建礼法），其婚约才能成立，再经举行婚礼仪式，才能得到亲友及公众的认可，社会舆论才能通过。

平遥旧时把媒人称作“冰翁”“冰人”“月老”“红娘”。史书《晋书·索统传》载，晋代孝廉令狐策，夜梦自己在冰上站着，和冰下的人说话。次日请名士索统给他解梦，索统对他说:“冰上为阳，冰下为阴，这是阴阳之间的事情。

未婚男子要找到妻子，但他们之间如冰未消，这是婚姻之事。你能在冰上和冰下人对话，属于媒介之事，你可以给人做媒人了，冰消则婚成。”之后，令狐策每给人做媒，婚事总成。后来人们就把媒人尊称为“冰翁”“冰人”。

“月老”即“月下老人”，唐代李复言著的《续玄怪录·定婚店》载：一个叫韦固的人，夜行路过宋城，见一老人靠着口袋而坐，借着月光查阅一本书。韦固问：“你查的什么书？”老人答道：“天下人的婚姻书。”又问：“囊中的红绳是干什么用的？”老人说：“用来拴应成夫妻者的脚，即使是仇家或异地他乡之人，一旦拴上，结为夫妻就是不可避免的了。”后人就把男性媒人称为“月老”。戏曲《西厢记》中的相府小姐崔莺莺的贴身丫鬟红娘，为成全崔莺莺和张君瑞的婚事，从中牵线，颇费周折，成为千古美谈。后人把女性媒人雅称为“红娘”。

旧时在平遥古城，主婚人、媒人是婚姻的两大要素，直至现在，即使一对青年完全是自由恋爱，并无媒人牵线，在举行婚礼前，也必须拜托一位亲友权做媒人，在双方家长之间斡旋，择时举婚，届时充当“冰翁”。大约只有这样才叫作“明媒正娶”，可见这种旧俗影响之深。

（二）议婚、合婚

旧时平遥古城的媒人，多为双方之亲友，出于友情而主动充当媒人，并无贪图钱财等目的。这样，媒人事先必然会对双方的家境、门第等有所了解，并做了对比，认为此婚可成，才向双方提出议婚。这种提亲谓之“保亲”。有的则是一方家长看上了另一家的闺女或儿郎，请求一位认识对方的人去提亲，这种提亲一般男家提出的居多。当然，旧时平遥也有很多专业“媒婆”，多为中年妇女，这些人对当地婚嫁礼俗、礼教、信仰、禁忌、心理等方面十分熟悉，他们凭嘴巧、腿勤等，在双方家长之间跑来跑去，使双方条件逐渐靠拢，最后统一，促成婚事。这种决定于“父母之命、媒妁之言”的婚姻即所谓“包办婚姻”，双方当事人没有任何选择余地。

议婚中，出于女儿要到男家终身生活，女方必然考虑的事情多些，当然男方家长也很慎重。双方最讲究的还是“门当户对”，因为这样才符合家族的根本利益，主要包括五个方面。一是民族一致，平遥人从不愿同其他民族通婚。二是“门风”，即对方是否家风正派，有无男盗女娼及不讲道理等坏家风。三是社会地位，要求双方门第相当，尽管“养女攀高门”是平遥人之习俗，但门第太高的姑爷，从小娇生惯养，家中规矩多，怕自家闺女过门后受制，婚事也未必能成。四是财产状况，平遥有句俗话“家有三门穷亲不算富，家有三门富亲不算贫”。五是人口结构，旧时“五世同堂”“四世同堂”受人推崇，福寿双全，乡里尊敬。但嫁女则不同了，即便“三世同堂”，姑爷上面除公婆外，还有一层“天”，再加妯娌多、姐妹多，更容易产生矛盾，常为女方所虑，因而人口结构在议婚上“别有洞天”。

议婚将成时，双方的女家长还可由媒人安排，托词互访或约见，进行“相亲”。重点是观察对方的容貌举止、言语举止、头脑反应等，早年还要看女子的“小脚金莲”是否在谱。

双方家长对婚事达到原则同意时，即开始“合婚”。从封建社会到新中国成立前，平遥民间婚姻不仅须遵守封建礼教,而且也受到神权观念的制约。认为“婚姻由天定”，每有婚事必请教于神，都要进行“合婚”。可自我合婚，也可请星相士合婚。旧时平遥人婚事成功前，不愿被更多的人知道，多自我合婚。自我合婚有庙堂卜筮和皇历查对等方法。

按周代“六礼”之问名后，“归卜于庙得吉兆，复使使者往告，婚姻之事于是定。”就是将通过媒人索来对方的“庚帖”(上书结婚当事人的“生辰八字”之红纸折子)，压在自己家佛堂或祖考神主前，焚香叩拜后，三天之内看吉凶显兆，其间家有喜事或吉祥现象，则婚事可成，如有不吉之兆，则婚事不可成。

更多的人家自我合婚，则是依照“皇历”进行卜对。平遥土语把“皇历”叫作“历头”，旧时每年腊月，街市上就有人印卖新年皇历。其内容除一些农事节气知识外，大部分是卜筮、解梦、推八字方面的内容。皇历上有六十四课“金钱卦”,即用双手相合将六枚铜钱摇动一番后，抓到一只手内，顺手随机排出，按其“字儿”（××通宝）和“眼儿”（有满文的那面）排列组成序样，同卦书对号。得大吉卦者则婚成，中吉卦者也可考虑，得不吉卦者则不能联姻。

卜吉合婚后,还要进行双方“生辰八字”“命相”“属相”等方面的合婚推论。这些程序则多请星相士操作。其实这些推论也有一定的规律，多按《三元总录》中的《婚元课定》进行。旧时我国对年、月、日、时都按“干支”法标识，即以“十天干”（甲乙丙丁戊己庚辛壬癸）、“十二地支”（子丑寅卯辰巳午未申酉戌亥）搭配组成，按两者最小公倍数，可组成六十组，也即“六十花甲子”的渊源。这样，每个人出生的年、月、日、时四项，谓之“四柱”，每柱占天干、地支各一字，共八个字。故名“生辰八字”。星相士把双方的“生辰八字”拿到后，按八字间的五行生克等千变万化的关系，推断吉凶祸福。方法很复杂，常用的是唐代吕才合婚法，这里不再赘叙。

所谓“命相”，旧时平遥人多以皇历上编好的“纳音五行表”,自我对照。该表把干支纪年的六十个年头排列好，每个干支年出生的人,都在表下标一“命相”,大致分金、木、水、火、土五类，每类又有不同品目。例如：甲子、乙丑年出生的人，其命相为“海中金”，丙寅、丁卯年出生者，其命相为“炉中火”，戊辰、己巳年出生者，为“大林木”，庚午、辛未年出生者，为“路旁土”，等等，一目了然，六十年一轮回。查出男、女命相，再按五行生克的说法核查。五行相生者，即木生火，火生土，土生金，金生水，水生木。两者相生为“命相相合”。五行相克者，即木克土，土克水，水克火，火克金，金克木。双方“命相相克”，则婚姻不合。

平遥早年还以属相合婚，即将十二生肖配以十二地支，即子鼠、丑牛、寅虎、卯兔、辰龙、巳蛇、午马、未羊、申猴、酉鸡、戌狗、亥猪。早年的皇历上也把十二属相的相合和相犯录于其上:子（鼠）与丑（牛）合;寅（虎）与亥（猪）合；卯（兔）与戌（狗）合；辰（龙）与酉（鸡）合；巳（蛇）与申（猴）合;午（马）与未（羊）合。名为“六合”。猪猴不到头，羊鼠一旦休，金鸡怕玉狗，白马怕金牛，蛇虎如刀锉，龙兔泪交流。平遥人称“大相不合”。

此外，平遥旧俗中还对属羊者有偏见，认为羊“眼露四白”，是犯大忌的。认为男属羊妨克岳父家，女属羊妨克丈夫。平遥旧俗对男人、女人所生月份“犯月”者也较注重。比如男犯月为：正蛇、二鼠、三牛头、四猴、五兔、六月狗、七猪、八马、九羊头、十月老虎满街游、十一月金鸡不下架、十二月老龙不抬头。女子犯月为：正月猪兔羊、二月虎马狗、四月鸡牛蛇、六月鼠龙猴。女子生于后半年不犯月。

对合婚的各方面认真推查，富户和殷实之家颇为重视，贫穷之家，尤其是男家，只要有提婚者，则一切都能相合。如有不合之处，便要请星相士帮忙“破解”，即进行八字、命相的改动，以免错过婚姻机遇，实际上他们婚后生活得也很好。这个问题在清末出版的《三元总录》序言中都自我否定说：“合婚一节，自唐吕才所始，唐之前未有此术，不曾合婚。如指腹成亲者，割衫襟成，自奔苟合，皆得子孙蕃息，以至偕老，皆无合婚……”这也是一种自我讽刺。

（三）订婚、纳征、妆奁

清代初期，平遥古城人对婚嫁程序就只注重订婚（纳吉）、彩礼（纳征）、婚礼（亲迎）三个环节了。

订婚是确定婚姻关系的重要仪礼。双方经过详细合婚，认定一切相合，即可初步确定婚姻关系，举行订婚仪式。但订婚前必须把彩礼（纳征），包括女方索要的衣服、首饰、钱币等品种、数量商定下来。在这件事的往返斡旋中，媒人最费口舌和精力。彩礼也是封建买卖婚姻的主题，解决了彩礼问题就可以确定订婚日期了，但平遥古俗“腊月不定婚，正月不娶亲”。

订婚之日，双方各自召集亲属，设宴招待，男家准备订婚礼品。清雍正四年（1726年），对订婚之礼品有限定，军民人等纳采礼品不得超过四件，果盒不得超过四个，金银彩礼官民皆不能用。事实上很难实行，徒有虚文。平遥人对钦定之订婚礼品以“四”为限,则演变为以“四”趋吉，订婚用“四色礼”，即首饰（戒指必须有）、衣物等共四件。而彩礼钱币仍按商定数目送到。彩礼交接后，媒人将男家的“龙凤帖”交给女家,女家家长则将自家出具的“崽书”（一种对婚事无异议的具结书）交媒人转男家。从此，双方的婚姻关系就算确定了，不得再有反悔。双方亲友及邻里也一体周知了。平遥古城习俗在订婚后三个月内必须“亲迎”，即正式迎娶。

“妆奁”，平遥人俗称“嫁妆”，是娘家陪送女儿出嫁的东西，所陪东西都较实用。陪妆有两个程序，即“添箱”和“送妆”。妆奁代表着女方家族的脸面，它要抬在街上让众人评论，而且妆奁的多寡也决定女儿在婆家心目中的地位，所以，平遥人在清代就十分重视陪妆的事，特别是富商巨贾嫁女，更是争相斗富摆谱。老一代人讲到清末平遥巨商马中选为其女（乳名花儿）陪妆一百多抬，样样精贵。旧时平遥嫁女的妆奁来自两方面，一是女方家庭的自我采办，谓之“攒妆”，二是近亲谊友的赠送，谓之“添箱”。女子订婚并择定了迎娶日期后，女方家长便将纳吉时送来的龙凤点心、干果等分送各近亲，告知嫁女之事，有的还送请帖，上书“谨占于某月某日为 × 女 ×× 于归之期，在某处敬治喜筵，恭请阖第光临”。这样，本族长辈、平辈，还有外婆、舅妈、姑妈、姨妈等，根据姑娘的喜爱和需要，送些衣料、首饰、鞋袜、化妆品等，使妆奁更为丰盛。

旧时平遥嫁女“陪随”的东西主要有：四铺四盖（被褥）、平面柜成对、全笼皮箱成套（大小共 10 个，内放衣物）、八仙桌、太师椅、穿衣镜、掸瓶、帽盒、自鸣钟、帽筒、花瓶、洗脸盆、子孙箱（小木盒）、金银首饰、各种衣料、化妆品等，富商们还为女儿陪送四合院、商号、土地。

平遥人送嫁妆要在迎娶日前一天下午，大件家具穿绑木杆抬，小件则分摆在当时那种专摆妆奁的长方形四圆腿桌子上，挂上竹裙，穿两根圆红漆木杆抬之。桌上东西要用红细绳扎牢，富家嫁女妆奁多达 120 抬，平民 32 抬、24 抬、16 抬，甚至 8 抬，视家庭情况尽力而为。但必须用偶数，每件妆奁上都要剪贴上红喜字。妆奁物品要分门别类地抄录于大红纸上，品目、数量都要核对清楚，清单折叠成四折或八折，装入带签封筒中，由媒人和送妆近亲携带。抬妆人由喜轿铺（平遥人叫“赁铺”）统一雇用，统一红衣大帽服装，并有鼓乐吹打，气派十足，招摇过市，任听市井品评。

谨具粗妆数色勿堪细陈伏祈
哂纳
忝眷姻弟×××鞠躬
奉　申（以下即逐行开列妆奁物品）

女家妆奁清单帖

喜蒙隆仪照数

珍纳

忝眷姻弟×××鞠躬

男家收到妆奁后的回帖

双方家长落款中用“忝”字是一种自谦之意，成亲后再有往来书札就不用“忝”字了。

妆奁到男家时，男家也派近亲4～8人到路口迎接，也有鼓乐“迎妆”。妆奁一到，立即“安妆”，由新娘家的送妆近亲照单一一唱念，由新郎接妆，安妆后，送妆人向新郎家主婚人道喜。安妆完毕，新郎家设宴招待送妆人，并对送妆队伍发放赏钱，以示同喜。有的乡村送妆人中，还有未满12岁的小男孩，即女方亲家的嫡孙，送妆时随队前来，拜见男家的“爷爷”“奶奶”，按平遥之俗，出于相互抬举，也给重金以赏。

（四）择期卜吉

趋吉避凶是旧时人们的共同心理，平遥古城人更为讲究，特别是婚嫁之事，认为是关乎家族兴衰及当事人的终身成败之事，主婚人必须慎重虔诚地去选择“良辰吉时”，即选择吉月、吉日、吉时，卜定方位、确定回避、禁忌等。平遥古城旧时，这些程序一概请星相士操作。

1. 择月

星相士在择期时，必先择月，择定“行嫁利月”。此项择定以新娘属相为准，择行嫁利月过门，以免对本身或亲属有克犯。而行嫁利月又有“大利月”和“小利月”之分，大利月有利于新娘本人；小利月有利于子女及媒人。

星相士择月，实际都有既定的套路口诀。大利月的口诀是：“正、七通鸡兔；二、八虎共猴；三、九蛇亥猪；四、十龙和狗；五、十一牛羊；六、腊鼠马走。”小利月的口诀是：“正、七利鼠马；四、十利牛羊；三、九利虎猴；六、腊利兔鸡；五、十一利龙狗；二、八利蛇猪。”

2. 择日

择定吉月后，还须择定吉日，这些都是由新郎家负责，旧时的皇历书上对当年每日都标有干、支值日，从甲子到癸亥，每六十天一轮，全年每日的干、支排序，都是连续不停的。而旧时的星相学规定，每轮有黄道吉日二十天，即丙寅、丁卯、丙子、戊寅、己卯、丙戌、戊子 、庚寅、壬寅、癸卯、乙巳、甲子、乙丑、丁丑、辛卯、癸丑、乙卯、癸巳、壬午、乙未。其中另标有天月、德合、三合、六合、天恩者为上吉日。新郎家必挑最理想的吉日而用之。

还要按每天值日的二十八宿，补充确定已选吉日的吉凶情况（方法略）。

择日也可用“嫁娶周堂”或“白虎周堂”的方法，自己择定。

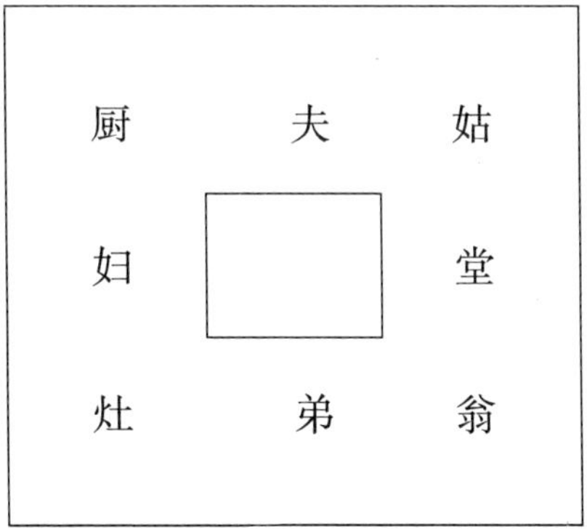

嫁娶周堂图

择用嫁娶吉日，大月从“夫”字顺时针数；小月从“妇”字逆时针数。择“弟”“堂”“厨”“灶”日用之。如遇“翁”“姑”日而无翁，“姑”（即翁、婆）者亦可用之。值“夫”“妇”之日不用。

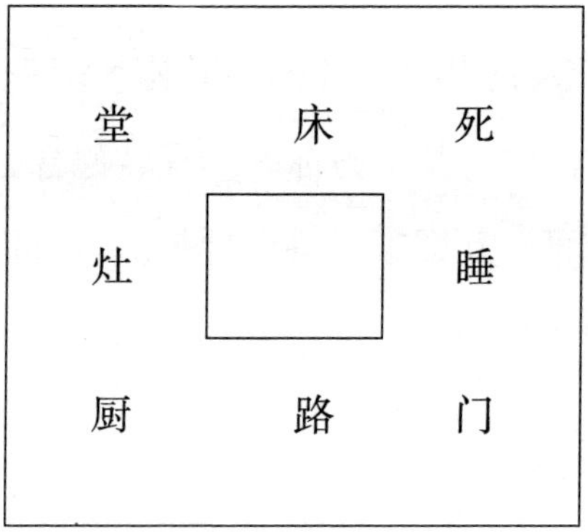

白虎周堂图

大月从“灶”字起顺时针数；小月从“厨”字逆时针数。只择“厨”“灶”“睡”“死”日用之。若遇“门”“堂”“床”“路”，宜用鼓乐震动，“白虎”自退，迎娶无妨。看来古时迎娶，吹打鼓乐，不独在于庆贺，也有驱避不祥之意。从中也可看出，以白虎周堂图择日，无一日不可用。

3. 择时

平遥古城旧时有句俗语：“好年不如好月，好月不如好日，好日不如好时。”清末民初，平遥古城婚嫁也必择时，此俗现已废。旧时星相学把每日分成十二个时辰（每个时辰相当于今之两个小时），把十二时辰以星宿代表，其中有六“吉”、六“凶”。其排位顺序是：青龙黄道（吉）、明堂黄道（吉）、天刑黑道（凶）、朱雀黑道（凶）、金柜黄道（吉）、天德黄道（吉）、白虎黑道（凶）、玉堂黄道（吉）、天牢黑道（凶）、玄武黑道（凶）、司命黄道（吉）、勾陈黑道（凶）。其起止推算方法是按当日值日地支为据。例如：值日地支为寅、申，子时（相当今之23：00～01：00）则从青龙（吉）开始，丑时为明堂（吉）；寅时天刑（凶），依次下推；卯、酉日子时从司命开始，依次下推；辰、戌日子时从天牢开始；巳、亥日子时从白虎开始；子、午日子时从金柜开始；丑、未日子时从天刑开始。择时后新娘坐房梳妆、上轿、入宅等都要取吉时而行，此俗过分烦琐拘泥，今已不行。

4. 择方位

旧时平遥古城嫁娶择方位之俗，至今仍因袭如旧。即迎娶发轿和新娘下轿要面迎“喜神方位”，须避“五鬼方位”。据说是按“鬼谷先师选定趋吉避凶日、时定局”推算出来的，即按当天值日天干定局。甲、己日喜神在东北；戊、癸日在东南；丁、壬日在正南；丙、辛日在西南；乙、庚日在西北。

也有按新娘属相定下轿方位的。有固定歌诀：“寅卯辰女宜向西；巳午未女宜向北；申酉戌女宜向东；亥子丑女宜向南。”

推定“五鬼方位”，是按值日天干定局。即：甲、己日不要面向东南；乙、庚日不要面向东北；丙、辛日不要面向正北；丁、壬日不要面向西北；戊、癸日不要向西南。

5. 禁忌

新人下轿要忌某些属相人迎接，是根据值年地支决定的，此俗至今家家户户仍讲究，也有固定歌诀：“申子辰年蛇鸡牛；巳酉丑年虎马狗；寅午戌年猪兔羊；亥卯未年鼠龙猴。”但内亲不避。

此外，新人上、下轿时，还忌孀妇、孕妇及戴孝人等。其实这些禁忌都是掩耳盗铃，谁能保证新人上下轿时，围观者中没有应禁忌者，不过自我心安理得就算了。

即使一切择吉都齐备，平遥民间还忌新人下轿时有风、雷、雨、电。俗云“风不良，雨不长”，还说：“刮风娶个可恶（霸道）的，下雨娶个短命的”，指刮风时下轿的新娘将来必不正道，下雨时下轿的新娘寿命不会长。良时吉辰又不许错过，谁也保不了“老天爷”的阴晴雨雪，常使讲究者弄得终身尴尬，此俗久已废止。

（五）亲迎

“亲迎”即新郎亲自上女家迎娶新娘之意，是六礼中最后的一项程序。择定亲迎良辰吉日后，即托媒人把这一整套趋吉选择结果通知女方，实则六礼中的请期，但平遥古城居民对此俗已不隆重，仅及时告知就算了。届时提前数日就需准备了，砌灶、搭喜棚、贴喜字等，平遥习俗是女家贴单喜，男家贴两个单喜相连的双喜字。传说双喜的来源是北宋王安石在会试返回时，中途作了“乘龙快婿”。洞房花烛之时，又得知“金榜题名”，于是信手写下两个喜字，并连了起来，表示喜上加喜。从此人们把双喜当作婚嫁喜庆的吉祥标志。清代一般人家亲迎活动用三天。

1. 催妆、送妆

催妆、送妆是三日亲迎活动第一天的主题。上午新郎家派人往女家抬送“诰封”，即凤冠霞帔服饰，从喜轿铺租用，使用四层红漆金花纹的木斗盒，叠放于专用木架上，派两人串木杆抬送，这种斗盒平遥俗话叫“食勒”，斗盒中分别装着凤冠霞帔的各部件。送“诰封”者顺便有催妆之意，女家应给抬送者以赏钱。清代男子娶亲俗称“小登科”，可穿九品官服，新娘必穿凤冠霞帔，以象征吉祥，因为古代凤冠霞帔为诰命夫人服饰。丈夫高中状元或身居高官，其原配发妻可封诰命夫人，则妻以夫贵也。如系小妾则不得诰封。所以《清稗类钞》云：“明时，皇妃常服，花钗凤冠。其平民嫁女，亦有假用凤冠者，相传谓出于明初马后之特典。然《续通典》所载，则曰庶人婚嫁，但得假用九品服，妇服花钗大袖，所谓凤冠霞帔，于典制实无明文也。至国朝，汉族尚沿用之，无论品官士庶，其子弟结婚时，新妇必用凤冠霞帔，以表示其为妻而非为妾也。”

迎娶前一日，男女双方聘请的司礼、司仪、司账、送亲、迎亲主持人、迎送新娘上下轿的妇女等，尽量要求为“全福无忌”人，平遥俚语称“四正人”。即本人有配偶、儿女双全、属相也无妨忌，而且精通嫁娶礼仪，面容端正，身体无明显残疾，善应酬。对主持司礼人等并不重其地位和知名度，而是重其精通礼俗。这些人在迎娶前一日早晨就必须到位，开始工作。

男家除催妆外，上午就积极准备下午迎妆之事，收拾好房间，贴好喜联、喜字，院中摆红漆木插屏，上刻金彩福禄寿三星图，屏前摆八仙桌，桌两旁放太师椅一对，桌裙、椅垫等物品。桌上屏前摆放木雕金漆“天地爷”木主，上书“天地三界十方万灵真宰”，位前摆供面制枣花、香炉、烛台、香筒。次日还要摆放桃弓、柳箭。摆好后，主婚人燃烛焚香叩拜。

所雇请的吹鼓手上午必须到位，喜轿、执事也必须有序地摆放在院内，花轿要光彩亮丽，执事要干净闪亮，主要是为向下午女家送妆的人们展示。其次，喜轿、执事都是众人租用之物，难免有邪气附着，提前展摆有驱邪之意。大门外贴喜联、喜字，挂横门大红喜绸，新郎用水之井也要贴红双喜字。

在鼓乐和鞭炮声中，择地摆挂本族祀祖图（平遥俗称神则），主婚人携新郎焚香叩拜，表示自己已完成本族香火继承之事，将传由下代继续绵延。

下午，女家送妆时，顺带着面制神贡一个；椭圆形媒人馍馍一个，上印红双喜字样；白面面粉六两，皆为双方母亲之间的往来。其中神贡,因平遥人土语讲高兴为“贡”，用其谐音，以神贡表示亲家母之间的祝福，男家也以自制神贡一个作为回报，同时亲家母之间也能交流一下面食手艺。媒人馍馍是酬劳媒人的，转给大冰人，男家母亲要连同自己蒸的媒人馍馍，用红绳绑在一起，一同交给媒人。但这仅是礼仪之事，婚事办成后，双方都要以钱币及衣物等酬谢大媒，这是后话。婚嫁时，双方都有捏“岁岁饺子”的习俗，亲家母之间交换白面，使双方的面和在一起捏饺子，从此成为一家人，因而男家也要回报同样数量的白面。

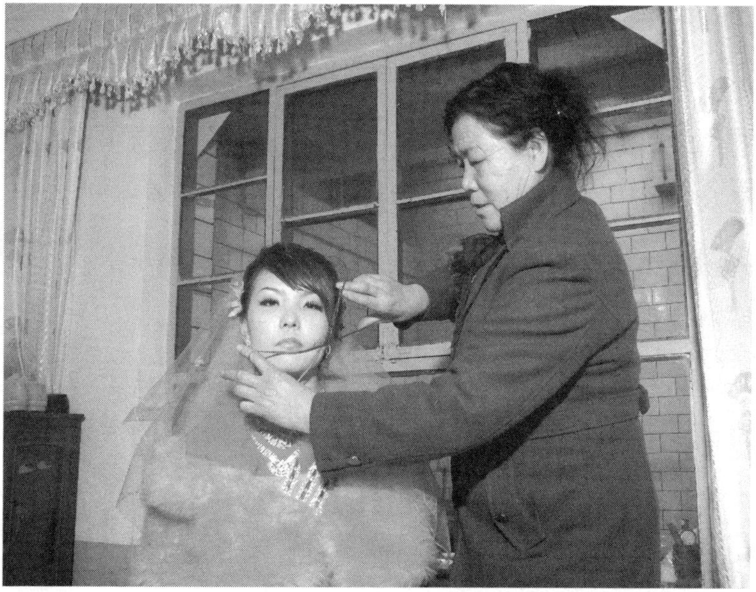

绞脸

嫁妆到后，男家要将清单张贴，供亲友邻里们观赏品评。

女家在迎娶前一日，也是请司礼、司仪、迎亲等各环节的工作人员提前到位，上午写嫁妆单，张贴喜神方位、属相妨忌单于房门外，以告诫人们注意。请全福无忌的妇女给新娘“绞脸”，即用丝线把新娘脸上的汗毛绞光，再用剥去皮的熟鸡蛋在脸上滚一番，这也是平遥女子出嫁前的必经程序。女家也同样搭喜棚，摆插屏，主婚人拜祖，门外贴喜字、婚联，挂门绸。

2. 正式迎娶

第二天，即正式迎娶的一天。这一天也是“亲迎礼俗”中的重头戏，男、女两家都是拂晓前就燃放喜炮，洒扫门庭，婚礼正式启动。早饭讲究“家宴”，即各自同堂家属成员一起吃饭，包括祖父母、父母、兄弟，未成家的伯、叔，未出嫁的姑、姐。“家宴”实际是一次家教之宴。男家全家要教育新郎，从今日起已是成人了，再不能孩子似的任性了，要学会掌家、做人，要孝顺父母，光宗耀祖，夫妻和睦等。女家则教育女儿从今日开始，已成人妻，要孝敬翁姑，善处妯娌，做好家务，更要谨慎做人，莫让人笑话娘家闺门失教等。

新郎早饭后就洗脸，并由娘舅刮脸，衣服为九品章服，民国年间改为长袍、马褂、礼帽。帽上插金叶状元花，肩披红绸。旧时讲究男属阳，故而要在正午时起身，先由司礼人陪同到插屏前，屏前地铺苇席，席上铺新房之锦缎被，由四位全福无忌的女人，头顶红绸，将五枚“子儿”（铜钱币）、连根葱、双头辣椒等用红线缝到上面，名曰“引被子”，所缝之物，寓意“五子闹学（席）”（平遥土语学和席同音）、“永结连理”等。同时，由童男童女数人，用谷草短节将两个“儿女枕头”（小枕头）装满，谷子多籽，用其谐音，期盼“多子、多福”。新郎在司礼人指导下，从被子的左侧，即八卦图之乾位，然后经巽、艮、坤，再到乾位，走了一个“8”字形，最后立于屏前，谓之踩“八卦”。此俗源于周公桃花女斗法的故事，象征屏前已摆八卦阵，有备无患。新郎在屏前向天地爷叩拜后，即向家中长辈一一告别，准备起身，花轿打在门外，鼓乐鞭炮齐鸣。新郎在上轿前还有“六仪”，即由娘舅手捧方盘，上置小镜、铜锁、红糖水、龙凤饼、鸡蛋、铜钱。新郎照一下镜子，以示新人有自知之明的意思；开铜锁后，把钥匙装入衣袋，表示从今日起，已成家立户；喝糖水，咬龙凤饼、鸡蛋，表示大家祝新人甜甜蜜蜜、龙凤呈祥、永记今宵；再抓一

新郎踩八卦

下铜钱，以期今后日进斗金，财源旺盛。最后在轿前向四面欢送的亲友邻里鞠躬，上轿。

迎亲队伍以开道锣为前导，发轿前要猛击一番，有驱邪之意。

传统婚礼最讲究花轿、仪仗、鼓乐。古代迎亲本来是用马车，上扎一轿式顶子。但宋代以后，即以官轿为基础，装扮得花枝招展，称为花轿，也称喜轿，成为迎亲之专用工具。仪仗则仿制官仪，花样很多，主要有挂大铜锣的开道旗、飞龙旗（四爪龙）、飞虎旗、飞豹旗、飞凤旗、金立瓜、金钺斧、金天镫、金兵拳，父辈及本人的官职牌、功名牌、回避牌、肃静牌，这些都要成双成对，还有一对龙凤扇，路遇其他迎亲队伍，可用之遮蔽，以防相冲。一对华盖伞，重檐大花，两顶喜轿前后各一把，另有几对大红灯笼，上贴“× 府”。因古俗昏时成婚，难免夜行，所以设灯笼数对，内燃大红烛，随仪仗队伍前行，以资照明。早年还有抬着一对鹅笼行于仪仗队伍前的习俗，大约源于古代之奠雁，雁缺而以鹅代之。仪仗林立，威仪万千。花轿后为鼓乐队，各种吹奏乐器也成对，有唢呐、海笛、竹笛、笙、篌管等，打击乐有高音鼓、锣、钹、九音锣或二音锣等。两乘花轿后还有媒人、娶客等坐的轿车，大户人家还有雇请的职业“家人”跟班，随新郎专搞礼俗应酬。家人骑红马，随侍

坐轿子迎亲

新郎喜轿前后。迎亲队伍有专人一路负责协调指挥。

娶亲路线不走回头路，事先设计得很周到，因为回头路不吉利，必须一条道走到底。即使婚姻双方住在一个院子里，也必须乘轿在外绕走一番。沿路经过村庄，或观看人多之处，开道锣事先都要猛敲一番。过河、桥、庙、村等处，都要燃放“二踢脚”鞭炮驱邪，有人专司此职。

起轿后，新郎的母亲坐于屏前，抱起引过的被子，并吃着小圆岁岁油糕，设一妇女进门问：“你坐什的咧？”答：“坐富。”问：“你抱着什么？”答：“抱宝。”问：“你吃什么？”答:“吃福。”此俗名曰“坐富贵”。现今仍沿袭。

迎亲队伍快到新娘家门时，一方面频频鸣炮，一方面猛击开道锣，以向新娘家传递信息。前面的仪仗及灯笼等，必须提前停止前进，并分立两旁，让开中路，让花轿、轿车、鼓乐从中通过，直达门口。在这段距离中，轿夫都要精神抖擞地露一手，统一步调，平稳快速前进，到新娘家门口急速停轿。平遥俗称“野鸡窜”，人们观看嫁女，都要在街上专门看看轿夫的这一表演，它标志着轿夫的水平，为此，不但能获得满街喝彩声，还会有赏钱。所以平遥早年有句关于轿夫的顺口溜：“三天不吃饭，也有两步野鸡窜。”

迎亲队伍的炮声传到时，女家阖家大小及一切工作人员立即进入“一级战备”状态，各司其职。大开中门，在门口也以热烈的鞭炮声相迎。新郎、娶客和媒人等在司礼人和看热闹的人们簇拥下被迎入正厅，并请上坐。早年平遥礼仪待客都用八仙桌，正面两座，右为上，左为次，两侧四座为陪，靠门的两座空出，作为递茶、上菜的“席口”。新郎被请入上座，家人侍立其旁。媒人入次座，主家陪客者和司礼人入四座。桌上除以三台碗沏着茶外，还摆着炉食（糕点）四种，时鲜水果四种，谓之“看茶点心”，只能看，不能动，否则会被人笑话，传为笑料。

新郎、媒人等坐定后，司礼人领女家主婚人前来“看茶”，即把客人面前盛放茶水的三台碗揭盖后用杯盖把茶水划一下即可。看茶时新郎应起立，双手将三台碗捧起，看毕后放下并鞠躬致谢。因为女属“阴”，故而古代迎娶发轿均在黄昏后。《白虎通》谓：“婚者，谓昏时行礼，故曰婚。”《酉阳杂俎》谓：“礼，婚礼必用昏，以其阳往而阴来也。”《说文解字》中，“婚”亦为“昏”，大约六朝以后，即行此俗。平遥人至今皆用昏时迎娶，可见其维护传统民俗的顽固性。正因如此，派生了婚礼挑大红灯笼的习俗，男家称“娶灯”，女家称“送灯”，当今又改为红绸包手电筒了，昏时发轿之俗，迎亲时女家必须宴待至昏。筵席初始时，司礼人领女家主婚人前来敬酒，平遥人谓之“满盅”礼。平遥习俗，待客之诚意，在于“酒满盅，茶半杯”，因而敬酒讲究满，故得名。即主婚人给新郎等斟第一盅酒，满盅时也先从新郎开始，新郎起立双手捧杯，斟后也鞠躬致谢。此后主家则再不出面，而由陪客和司礼人照料。平遥之俗，上热菜时，每道菜上来必先摆到首席面前，下道菜上来时，前道菜退到次席面前，以后则逆时针转到右下为止，一般就退出了。每道菜必先由新郎先尝，别人才能伸筷子，或新郎先翻动一下，之后大家就随便了，否则为不恭。早年迎娶之日的筵席，多以“九碗九碟”待之，先上九碟凉菜，“满盅”开筵后才上热菜。热菜共九碗，故名。九碟的排列也有规矩，其口诀是：“四角挑肉龙（藻）顶虾（仁）,洋粉、海带靠主家,留下当中一把抓（即抓点糖果、花生、瓜子一类的东西）。”九碗则以大肉领头，还有红烧肉、烧肘子、冷片肉、炒水粉肉、甜江米、肉丝汤、三鲜汤,最后上清蒸丸子。“丸”和“完”同音,表示菜已上完,随即捧上漱口水，请新郎漱口，之后客人退席便坐，主家收拾餐桌后重上新茶。上第一道热菜时，捧盘人喝道：“厨房诸位给新人道喜了！”新郎的家人当立即答道:“谢啦！”随后取出事先准备的“叩喜”赏封红纸筒，放到方盘上。此时捧盘人要说：“谢谢”然后退出。

说到宴请中的赏封，平遥古城至今全套保留着这种习俗。迎娶时都由随侍“家人”携带，除叩喜外，还有许多，都以红纸封筒装钱币，数额随乡跟俗。

童仪，给主家的孩童之仪。

叩喜，给厨房人员。

喜菜，厨师以其拿手特色菜，额外上席，并由捧盘人讲明。每上一道给一份赏封，但最多三道，届时随侍家人便和司礼人一起喊：“好了，下面请拦住吧！”

折发净面，给绞脸妇女的，由礼房代收转。

司茶、捧盘、厨工、面厨，共在一起，金额较大。待到“饼日”(一种沾有芝麻的小糖饼)端上来时,才给捧盘人。

这些赏封在两天内的各个主题筵席上都有，即便是娶回后的合婚席，新娘也必须带，由随侍喜娘操作。但无司茶、折发净面。女方主婚人次日唤女请婿被宴请时也带，但无折发净面。新郎随新娘归宁被宴请时也带，也再无折发净面，但要带“司汤”赏封。

“司汤”实际上也是一种宴请女婿的程序，即女方家族各门本应都宴请新姑爷，但为简便，于次日回门时，用另一种形式挂靠到新娘主婚人家的筵席上，这种形式称作“司汤”。平遥人称“司汤”为“熬汤”，即给席上每人上一小碗清汤面条，内盛小水饺六个，象征“钱串套元宝，一年更比一年好”的祝福。有几门祝贺者上几次，但一般都是由司礼人说明共有几门，然后喝道：“好了，全有了，后面的拦下啦！”随即撤碗上酒具，宴筵开始。次日请婿司汤后，第三日新婿要回送“熬汤馍馍”，每门回敬馒头7个，岳父本门14个，按总计数一并送来。也有免去司汤程序的，这是后话。

再说新娘，梳妆打扮到吉祥时辰，多在黄昏或天黑后才起身上轿，以红绸绢蒙脸，由新娘的兄长抱其上轿。古时新娘上轿前不许踏地，由兄抱上轿，美名曰：“哥哥抱妹子，好活一辈子。”其实是不让女子出嫁后再在娘家得地，“踏地”和“得地”相谐音，实为陋俗。新娘身着凤冠霞帔，脚穿绿绣花鞋，不穿红绣花鞋，因红象征火，脚穿火色，寓意跳火坑，故忌穿红鞋。拜天地后才换鞋，颜色即无忌讳了。新人起身上轿时，鼓乐鞭炮齐鸣，在轿帘放下之前，要把手中扎着许多铜钱的馒头捏碎后向空中抛去，幼童抢拾时，立即将轿帘放下。此俗属驱邪之举。

陪伴新娘行嫁者，还有女家雇请的“喜娘”，平遥俗称“跟老婆”，必须是全福无忌的中年妇女，而且要干练通达。全程跟随指导新娘（包括性生活在内），旧时早婚，新人多很幼小，既需呵护，更需指导。直到新娘归宁，喜娘才返回，有的甚至直到次年新娘怀孕生子后才离去。此俗已废 50 多年，不过喜娘的待遇是很优厚的。

起轿后仍以开道旗锣前导，不时猛击，执事、娶灯亦在前，鼓乐随轿后，送灯两对或四对随后。来时的鹅笼已留给女家，充作“典雁”仪礼。沿途过河、过村以及途经寺庙等处，均要鸣炮，惊动人们出来观看助兴，另亦有驱邪之意。

行至距新郎家不远时，即有先导回去报信，并以鸣放“二踢脚”炮及猛击开道旗锣传递信息。临近时开道旗等众执事停行并让开中路，花轿“野鸡窜”穿过，鼓乐、灯笼紧随其后。停轿后，司礼人撒谷豆（谷草节、豆、铜钱币）驱邪，四位全福无忌的妇女头顶红巾，侍于轿前迎候新娘下轿。平遥民俗撒谷豆时，司礼人边撒边喊：“头撒天门开，二撒地门开，三撒新人下轿来，新人不下来……”随之戏谑逗趣接新娘的妇女则说：“两头母猪把她拖下来！哈哈哈！”司礼人在笑声中逃回院里，一派热烈喜庆气氛。

新娘下轿后不许踏地，用平遥牲口驮炭的毛织口袋铺地接传，新娘子脸蒙红巾，全福无忌的妇女搀扶新娘行走，由新郎前导，行至院中插屏前，谓之“传袋”。取意新人不许得地，有歧视妇女之意，并具“传宗接代”之盼。王棠《知新录》：“今有娶新妇，入门不令足履地，以袋递相传，令新妇步袋上，谓之传袋。代、袋同音也。”平遥古城婚嫁礼俗中没有“牵红”之俗。

新人双双站立于插屏前，新郎站立东侧为上首，新娘并肩站立于西，新郎取供桌上的桃弓柳箭向新娘及四周象征性地射出。传说此俗来源于民间神话“周公桃花女”的故事，恐桃花女附体而设此俗，今已废。桃弓柳箭用后新郎要带入洞房，放进柳条斗中。此时，新郎之父母拜跪先祖神位，表示今日儿郎成亲，自己为祖宗之香火已尽职责了。而据康熙四十六年（1707 年）《平遥县志》载，早在康熙年间，新郎新娘就没有跪拜先祖的程序了。

父母叩拜先祖后，新郎新娘双双向插屏前摆供的“天地爷”跪下，在司仪人鸣赞声中行三叩首礼，然后夫妻对拜，行一叩首礼，谓之拜堂成亲，平遥俗称“拜天地”。平遥

婚礼“拜天地”的插屏

旧时无“二拜高堂”，对高堂之拜，放在认亲程序里（见后面）。平遥民俗认为“天地爷”即世间最高神祇，夫妻拜堂，天地为证，天作之合。

然后新人双双携手进入洞房。“洞房”古时指深邃的内室，深邃如洞。后因常用之做新房，隋唐即演变成新房的专用词，沿袭至今。此时，全福无忌人已把事先安放于房门后的红高粱头点燃，借以驱除不祥。房门槛上平置马鞍，新娘进门需跨过马鞍，此俗源于南北朝，意求平安。唐代苏鹗《苏氏演义》云：“婚姻之礼，坐女于马鞍之侧，或谓此北人尚乘鞍马之义。夫鞍者，安也。欲其安稳同载者也。今士大夫之婚礼，新妇乘马鞍，悉北朝之余风也。今娶妇家新人入门时跨马鞍，此盖其始也。”进入洞房后，新娘面向当日喜神方位，盘腿坐于炕上，下垫红毡，名曰“坐床”（平遥早年实则为“坐炕”）。稍后，新郎在众亲友邻里的围观欢呼中，用红纸包着的新制秤杆将新娘红盖头挑去，至此意味着婚礼已成。随后新娘脱去凤冠霞帔，准备行认亲礼。

“坐床”片刻，新郎先行，新娘随后，重新来到插屏前站定，司礼人高声呼喊参加婚礼之亲戚、本族人等，集中于院，新人依次拜亲。平遥土语称拜认亲属为“煞见”，即互相见礼之意。皆行一叩首礼，民国时改为鞠躬。司礼、司仪等事先已开列了认亲次序单，早年认亲的次序排列很复杂，稍不留神，即有“小瞧”之嫌，弄得不欢而散。后改进为先外戚（新郎母亲娘家人及其亲戚），后内戚（新郎父亲方面的亲戚，包括已出嫁的姑、姐），最后本族。三方面分别按辈次年龄排列，一一呼请，八仙桌前摆放两把太师椅，令被拜认者端坐其上，新人按尊称把被拜人叫答应后，行一叩首礼。已婚者要夫妻共坐，对公婆之拜见也按次序排列于本族之中，并无特别之处。被拜认的亲戚和本族各方面的长辈，或平辈中年长于新郎者，拜认后都要给新娘以见面礼钱，平遥俗称“拜礼”。长辈中年幼未婚者不赏“拜礼”。平遥在新娘拜亲时，还有借机嬉闹新郎之父、兄者，把他们脸上抹黑或脖子上挂上酒瓶、算盘等物，入座拜见时，搞得包括新娘在内哄堂大笑，是新婚“三日无大小”之俗，逗乐凑喜。但有官品或功名之人，不会被嬉闹，仅平民百姓家有此俗。清康熙以前，新娘次日才拜亲，后改今俗。

拜亲后，司礼人把拜礼总数算出来，扣除一定数额，以准备次日讨要被“抢”去的新娘鞋子之类物品，酬谢嬉闹人等。有些就成为司礼、司仪人的外快了。剩余拜礼由媒人次日转交新娘的母亲。

拜堂成亲之后，新娘的兄、弟或侄子即持唤女请婿之请帖上门了，礼房迎入侍茶，并给赏洋，还要代表男家写谢帖回复。留下书人吃饭后，司礼房给女家的“送灯”换上大红新蜡烛，下书人同挑灯笼人等一起星夜返回。（各种请帖格式见后）

一对新人和女性媒人（男性媒人以其妻子代理），在与新郎同辈的女亲眷们陪同下入“合婚筵”。新娘坐首席，新郎次之，媒人坐首陪席，其余三席为平辈女眷。平遥的女子一生中只有这一次坐正席（首席）的机会，其余各种场合都是男子的天下，或男女分开坐，充分体现了早年男尊女卑的封建礼俗。媒人在亲迎往来中带着拜帖盒，内有从女家带来的“盅筷”，即用红纸对糊的酒盅（内封少许红糖）、用红绳栓连的两双红筷子，为合婚席上新郎新娘专用。使用栓连之盅筷，大约相当于别处的交杯酒俗。合婚筵上无司茶、满盅、司汤等客套程序，因为新娘拜堂后已是主人了，客套无由。但新娘仍需带童仪、叩喜、厨工赏封等给役人的小费。合婚席十分丰盛考究，大户人家用“满汉全席”“上、中、下八八”“四四”等，中下人家用“九碗九碟”“十二祺”等。

合婚席结束后，新人回到洞房，还要喝“拌结汤”，即用白面拌成小块面结煮熟，放葱、姜调料等，取义“拌(绊)而结贵子”。喜娘喂新娘喝时，先拣其中四块较大的“拌结”由新娘口衔而放入炕的四角苇席下（旧时北方火炕的最下层铺苇席），然后开始喝，这时司礼人还要念吉祥词：“荤厨房，面厨房，清汤利水做了一碗拌结汤。葱花花，油点点，胡椒面面姜片片。东搅西搅，儿女多少？南搅北搅，儿女不少！”喝完后，开始闹洞房。

闹洞房一节，平遥古城和其他地方一样，讲究“愈闹越发，不闹不发”“人不闹鬼闹”，所以闹洞房是必设节目，实则是祝贺新婚中亲友戏谑新人的各种滑稽恶作剧。闹洞房据传始于六朝，平遥古城至今仍有此俗。无论长辈、平辈，三日无大小，不受长幼尊卑的限制，尽量哄闹。主家还为闹洞房的人准备了夜宵，随时可用，直至深夜方散。喜娘这时才安排新人就寝，铺好被褥，并要悄悄吩咐新娘几句，主要是性知识教育。夜不熄灯、不关门，有的甚至一扇门事先已被人摘走了。三日内不扫除。

早年新人睡觉以后，窗外必须有人听房，主家在院里给人们备下酒肉，以资鼓励。万一没有人听，也必须在新房窗外放一把笤帚替代。此俗汉代已有，《后汉书·列女传·袁隗妻》:“帐外听者为慚，盖俗之听房者。”此俗现已罕见。

3. 宴婿、归宁

忙忙碌碌的亲迎活动前两日过去了，第三日也就是拜堂后的次日，平遥古城婚礼中这一天是女家宴请新婿的日子。新娘家提前送去的请帖除给新婿、新娘、冰翁的请帖外，以双方亲家相对应之辈分位置都要分别发请帖，请来喝喜酒。这种礼札亦仅客套程序而已，但在平遥古城婚礼习俗中是不可缺少的。

这一天早晨，尽管喧闹紧张的昨天已把新郎、新娘乃至全家老小都折腾得筋疲力尽，但这一天仍须天亮即起。司礼、司仪人等也早早就位。新郎、新娘由喜娘伺候洗漱后，把家里收拾利落，在司礼人的协调下，“赎”回昨夜被“抢去”的衣物。家里的地下杂物亦可扫在一起，但忌倒垃圾。客厅的八仙桌上司礼人摆放水果、点心等“看茶”食品，并放好三台碗，内置名茶少许，恭候女方亲家来唤女请婿。

女家主婚人则早早把媒人请到家里，让其陪同引路，前往男家唤女请婿。司礼人帮忙准备好一包唤女衣服或衣料等，并准备名贵点心、食盒及名酒等四样礼品，为前往亲家门上的礼品，取“四喜进财”之吉义。亲家如还有老父母，即新郎的爷奶健在，则应另备适合老年人食用的高档点心、罐头一类的食品，拜见时奉上，以示近亲之敬意。司礼人还在媒人的拜帖盒中装好“赏封”筒,有童仪、司茶、司汤、叩喜、喜菜、捧盘、厨工、面厨。封内金额要高于昨日新婿迎娶时的赏封金额。

交通工具一般是雇请喜轿一顶，轿车一辆，媒人坐轿车，新娘主婚人坐轿。到男家门口时，男家主婚人及司礼人等大开中门，迎候于门外。相见时俱行长揖礼，将贵客揖让于客厅上座，媒人次席，新郎之娘舅、姑夫、姨夫或伯叔之辈亲属作陪，多不请官宦或乡里名流作陪。坐定寒暄后，即由主人看茶。相叙一会儿，司礼人领客人拜见主家老人，再同亲家坐叙，多为热情客套之语，还把唤女的一包衣物让女亲家过目。之后，司礼人带领亲家看房，进房时，新娘要跪于炕上向主婚人行叩头礼，新郎陪同行鞠躬礼，婆婆把亲家送来的衣物送进新房，交给新娘，然后众人退出，留新娘父女畅谈。看房后，请客人上座。

宴请亲家的筵席档次最高，多用“上、中、下八八”“四四”，平民家则用“九碗九碟”。凉菜摆定后，先司汤，撤去汤碗后，才能摆酒具。再由亲家“满盅”，然后上热菜，捧盘叩喜、加喜菜等，同新郎迎娶筵席之程序一样。赏封小费之仪由媒人代劳操作。

筵席毕，亲家就准备唤女先行，司礼人把亲家带来的礼品回调两样，以示尊敬，原包退回。唯敬奉新郎爷奶的食品则领受了，无须回赠。新娘换好衣服，向长辈及哥嫂一一告别，随父先行，女坐喜轿，父乘轿车，回返娘家。稍后，媒人陪同新姑爷乘轿车前往女家赴宴。司礼人为新郎准备好各种赏封和孝敬岳父、岳母的食品等，由媒人携带管理。

车到女家门前，司礼人及女家众亲戚迎于门外，入院后，岳父、岳母迎接于阶下，婿行叩首礼，名曰“谢亲”，二老搀扶爱婿起立入厅，入正席，媒人次席，四陪坐为女家娘舅等主要男亲属。寒暄看茶后，开始拜认亲戚。早年不同于今天，男、女未拜天地前，不能认亲。女家亲戚需待次日宴婿才能被拜认。认亲名单排列原则同男家认亲时，被拜之长辈和平辈长者给新郎以“拜礼”，但平遥古城以南各乡则不给新婿“拜礼”，真是“十里乡俗不同”。在女家拜认亲戚仅新郎一人叩拜，新娘不陪。

认亲后即开筵，亦以最高档筵席宴之，平遥人俗称女婿为“娇客”，俗语说“丈母女婿则，亲破腿肚则”，可见古时女婿在丈母家的受宠地位。筵席中的小费赏封程序如前，但今天之宴请多有“司汤”程序。饭后，常常有女方姑嫂等嬉闹新婿之俗，“抢”走帽子等物品，然后礼房出面“调停”，用叩拜礼钱“赎”回。这种嬉闹增进了女婿同女家亲眷的亲近性，被普遍认可。剩余拜礼由礼房抄单，请媒人转交新郎的母亲。

在媒人代表男家同女家商定新娘归宁的时间后，媒人即提议需在日落之前返回男家，平遥习俗讲究新人不走夜路。

“归宁”又叫“回门”，即女子行嫁后第一次回娘家探望父母，平遥一般有两种归期，一曰“四来六走”，即婚后第四天回娘家，第六天返回；一曰“十来十去”，即婚后第十天回娘家，住十天后返回。但平遥旧时还有婚后第五日不吃婆家饭的习俗，所以“十来十走”归宁，则在第五日责成一亲戚（男、女方亲戚不限）在清晨将新娘接去，天黑前送回，名曰“小换”。

归宁完毕后，新郎把新娘接回。新娘住娘家时，新姑爷不得在女家同新娘同居一室，因为旧俗讲究，那样会使娘家家道衰败，此俗至今仍沿袭如旧。新娘返回时，娘家要给新娘带“饼子夹饺子”，意即祝福“明年养小子”。即用平遥特色的“干面壳子饼”，以刀侧切，把中间填塞上蒸饺子。归宁返回，全套婚礼就彻底完成了，从此夫妻比翼齐飞，白头偕老。

旧时娶亲还有“闭门”“障车”等俗。“闭门”即新郎迎亲队伍到女家后，女家亲戚先关大门，待双方唇枪舌剑嬉闹一通，男家司礼人从门缝塞进一定钱币后，才给开门，今已改为送妆奁时，男家就把“开门钱”让女家捎回去了，次日不再闭门。“障车”源于唐代。婚嫁时，乡邻亲友阻拦“御轮”（娶亲喜车），借以索取酒食钱帛并戏乐之。宋代王溥《唐会要·嫁娶》载，唐睿宗时，唐绍上书称：“往者下俚庸鄙，时有障车，邀其酒食，以为戏乐。近日此风转盛，上及王公。乃广奏音乐，多集徒侣，遮拥道路，留滞淹时，邀致财物，动逾万千。”近年来，此俗演变为社会行乞之术，亲迎沿途常有衣污面垢者障车，施一元钱则退，一行多处，令人徒增扫兴之感。

4. 宴婿请柬

新婚后的唤女归宁和宴请新婿，礼仪更需周全，需写许多请柬，一旦遗漏，就会产生不愉快的后果。请柬应根据新郎家的家庭成员情况，由新娘方对应位置成员相邀，如无对应成员，应依礼择用其他成员具款。礼房人员事先应提前了解新郎及其爷爷、奶奶、父母亲以及媒人的姓名、职业，以备文书使用，名字力求准确，以免闹出笑话。

请柬用大红纸四折，长方形，首尾页露红向外。首面书“正”字，以示正面及上下。外面套用的封筒不封口，要加封签。请柬须在拜堂成亲后才可送达，由新娘兄、弟或请专人呈送。男家对送帖人应待之以酒饭，赏喜烟、喜洋。

请柬品类很多，但其礼貌客套之俗一致，其中卖弄斯文和儒礼之风连篇。尽管只有女婿由媒人陪同赴宴，但写请柬时也必须是面面俱到，真可谓“礼多人不怪”啊！

下面列举几个请柬范例。

（1）女方祖父给男方祖父的请柬。

封签：大德望 × 老亲翁印 ×× 先生阁下。

	早临曷胜荣幸 右启 大德望×老亲翁印××先生阁下 眷姻弟×××鞠躬	谨占于农历×月×日敬治杯茗迎迓 大驾 恭聆 垂教 仰望	正

女方祖父给男方祖父的请柬

占（詹）：本为占卜选吉之意，即认真选择的意思。

杯茗：杯为酒水茶具，茗为好茶的别称。这里是自谦，称饭菜简陋。

迎迓：迎接。

恭聆：虔诚地聆听。

曷：多么，何等，非常。

大德望：非常德高望重的意思，一种恭维性称呼。也可用“大硕望”（知识渊博而享有盛望）或“大乡望”“大硕德”等。

老亲翁：新婚男女双方爷爷之间的互称，有别于亲翁，亲翁为男女双方父亲之互称。

阁下：旧是对人的尊敬之称。常用于书信中。书者不敢直指受书者其人，而改呼其属下侍从者，让侍从者转告。《汉书·高帝纪》：“大王陛下。”颜师古注引应邵曰：“因卑以达尊之意也。若今称殿下、阁下、侍者、执事，皆此类也。”今已多用作外交辞令。

眷姻弟：因婚嫁形成的亲眷关系，也即亲家关系，等辈亲家互相间不论彼此年岁长幼，皆以弟自谦称，亦为儒家之礼俗。

如女方无祖父，则降辈以其父名义相邀，相应称“×老亲伯”，落款为“眷姻侄叩拜”或“眷晚生叩拜”。如新娘无父，只有兄弟，则称谓更需拉大。改为“×祖亲翁老大人尊前”，落款为“眷晚孙 ××× 叩首”。

在婚礼书札中需点名时，男性以“印”字启头，女性以“字”字启头。忌用“讳”字启头，“讳”在平遥民俗中是人死后所用的启头字。

女方父亲给男方父亲之请柬，格式和祖父间的请柬相同，只需将文中“老”字去掉。如女方无父，需以兄弟出面具款，则同女方父给男方祖父的格式相同。

被邀者如为军官，则应以“麾下”代替“阁下”。如系当今之老干部、老英模，以“勋鉴”代替“阁下”。如系普通工农，又厌用官称，则可用“台鉴”“惠鉴”代替“阁下”之称谓。

（2）女方祖母给男方祖母的请柬。

封签：× 老亲母夫人妆次

	玉祉荣幸之至 右启 大懿德×老亲母字××夫人妆次 眷姻妹×××裣衽拜	谨占于农历×月×日洁置菜肴迎迓 莲舆　祗聆 闺教　伏望	正

女方祖母给男方祖母的请柬

莲舆：佛家之座台为莲台，旧时老年妇人多吃斋念佛，故尊其车舆为莲舆，如被邀女性年龄不算老，则可调用“凤舆”“凤辇”等。

闺教：旧时妇女之德首先在于闺中德教，因此妇女之间相邀，学习对方之闺教很重要。

祉：福气。

懿德：美好的品德，用于妇女之间相互恭称，也可代之以大淑德、大淑范、大慈范等。

妆次：梳妆台上旁侧。

裣衽拜：裣衽是旧式女上衣的衣襟，裣衽拜为旧时妇女在衣襟前所行的一种简便礼。

女方的母亲邀请男方的母亲，格式同祖母间的请柬，但称谓中应去掉“老”字。文中莲舆二字宜改用凤舆。女方母亲出面邀请男方祖母，应称“× 伯亲母”，落款为“眷晚媳叩拜”。

（3）岳父给新婿之请柬。

封签：大乘龙 × 贤坦印 × × 文几

正

谨占于农历×月×日敬治豆觞奉迓

文旌　欣聆

新叙　仰望

早临曷胜欣慰

右启

大乘龙×贤坦印××文几

眷待生×××鞠躬（或『脱帽』）

岳父给新婿之请柬

大乘龙：即乘龙快婿，也可代之以大英畏（英俊少年，后生可畏）或大龙文、大英杰、大茂才等，都是对新婿的爱称。

关于“乘龙”一词之源，张方著的《楚国先贤传》载：“孙文英与李元礼俱娶太尉桓焉女，时人谓桓叔元两女俱乘龙。言得婿如龙也。”后人故称佳婿为“乘龙”。杜甫著的《李监宅》谓："门阑多喜色，女婿近乘龙。"

大龙文：奇才之意。北魏宰相杨愔之兄杨昱，称其弟"雄有龙文"，后人沿用之。

贤坦：东晋尚书令郗鉴知大臣王导诸子侄皆为英才，遣门生前往为女择婿。去者遍观东厢子弟，个个咸自矜持。唯王羲之东床坦腹而食，旁若无人，十分随便。门生归告，郗鉴大喜曰："正此佳婿也！"遂选王羲之为婿，之后羲之果成大器，不但书法名垂后世，有"书圣"之称，而且官拜吏部尚书，后拜右军将军。后人即以"贤坦"作为对女婿的昵称。

豆觞：豆指简单食品，觞指古代酒具。

文旌：新科状元之仪仗，新婚之喜有"小登科"之喻，以文旌恭维较合适。

新叙：谈论古今中外之新学识、新见解。

眷待生：长辈对应邀晚辈的自谦之称。

文几：读书人的书桌。

如女方无父，以兄代之，则封签为"大龙文 × 贤妹夫印 ×× 文几"。落款为"眷姻兄"。

（4）母亲给女儿的请柬。

封签：新受范 × 姑娘字 ×× 妆次

正

谨占于农历×月×日东厨设馔宴尔

夫子　欲尔

高堂请命归宁　望尔

相偕早临是盼

右启

新受范×姑娘字××妆次

家母×氏倚门待望

母亲给女儿的请柬

受范：封建社会里，“三纲五常”“三从四德”是妇女的行为规范。女子出嫁为媳，不比在家为女了，言行规范更须从严，因此女子出嫁也称“受范”。

东厨：古时汉族阳宅风水学讲究，“坎主震灶巽门，相生最宜”。震位于正东，灶即厨房，故泛称设宴之处为东厨，设馔即设宴。

尔：古文中第二人称“你”的意思。

夫子：这里指丈夫。

高堂请命：高堂指婆婆，请命即请准。如婆家尚有祖母健在，则应改用“高祖堂请命”。都是儒教道德礼俗，现仅存于书札上了。

归宁：出嫁的女子回娘家探望父母。

相偕：一起。

倚门待望：女儿出嫁离母，分别之情如隔三秋，盼女归宁心切，而旧时封建礼教又规定妇女不得随意出户，只好倚门框远眺，望眼欲穿，期盼之情可掬。

按儒家礼制讲，女儿出嫁后即为婆家之人，虽为己出之骨肉，但依礼已为娘家之亲戚。所以唤女应备帖相邀，以示对亲家尊重。如娘家无母，应由家嫂具名代替。

（5）女方给媒人的请柬。

媒人在婚礼之日男女双方拜堂成亲后，已大功告成，而次日女方父亲唤女请婿，仍需媒人引见，应备请柬相邀，以求额外辛劳。

封签：大月老 × 冰翁印 ×× 先生阁下

正	谨择于农历×月×日敬治蔬酌奉请 台驾　以叙 新谊　望乞	光临斗室生辉 右启 大月老×冰翁印××先生阁下 愚弟××鞠躬	

女方给媒人的请柬

如果媒人是女士，则应由新娘之母具款相邀，称谓应是“大红娘 × 冰人字 ×× 女士妆次”，落款为“愚妹 ××× 裣衽拜”。

（6）女方给男家阖府全位柬。

封签：× 府诸姻亲阖府全位

正	谨占于农历×月×日敬治杯茗奉迓 诸驾　祗聆 雅叙　伏望	光临曷胜荣幸 右启 大德望×府诸姻亲阖府全位 眷姻亲××鞠躬	

女方给男家阖府全位柬

有时为使亲家方面各位减少繁文缛节，除给新郎、女儿、媒人柬单写外，其余以“阖府全位”统而代之，所以文中使用“诸驾”“诸姻亲”等复数称呼。然而阖府全位中辈分不一，长幼有别，因此落款宜用“眷姻亲”。

（7）简化请柬。

简化请柬不用四折，用单帖，而且封筒上也不另贴封签。

封筒：大德望×亲翁印××先生阁下

谨占于农历×月×日敬治杯茗奉迓

（恕略）

眷姻弟×××鞠躬

简化的请柬

男方收到女方请帖，应给回帖，可不用四折，而用单帖，由送柬人带回。现在多数司礼人已不知回帖之事了。

封签：大硕望×亲翁印××先生阁下

诸惠书已拜读，承蒙抬爱，当命犬

子××携阖府谢意，如期登门聆教，

恕礼不周。顺祝大安。

右 启

大硕望×亲翁印××先生阁下

眷姻弟×××鞠躬

简化的回帖

三、平遥古城婚嫁礼俗述评

平遥古城婚嫁礼俗十分久远，其中蕴含着许多优秀的民族文化传统。它以儒教伦理道德为基础，以道教和民俗文化取吉、祝福和祛邪，民风醇厚。然而在多年的封建社会中，广大农民科学文化素质较低，官绅商贾的庸俗虚伪之风不断侵染着淳朴民俗，特别是讲派头、比阔气、奢侈浪费等成为多年的“顽症”，难于矫治。

清康熙四十六年（1707年）的《重修平遥县志》载："论曰冠婚，人道之始……婚唯繁艳，丧尚虚文，忠信之道衰而风俗偷薄。维持世教者，可不一化导移易也哉。"

诚望各界同人互勉共进，正确了解古今婚嫁礼俗，以礼为先，力倡节俭，量力而行，不求虚荣，努力创造一个好的社会氛围，对旧礼俗要去粗取精，继承发扬中华民族礼仪之邦的美德。

丧葬礼俗

明清时期对丧祭礼也有定制。对不同的身份，都有严格的等级规制，其坟茔规格、碑铭、墓穴、殡期、出殡仪仗等，都按等级逐渐降低，士庶人等级最低。

一、丧葬

平遥自古以来丧葬一直沿用"土葬"形式。其丧葬之礼仪繁简则随丧主贫富而异。

中国封建社会严格的等级制度体现在社会生活的各个

方面。作为人生“四礼”之一的丧葬礼俗，自然不能脱离这种制度。据《清史稿·礼十二》载：“士庶人丧礼。顺治初年，定制，士庶卒，用朱棺，椟一层，鞍马一。初祭用引幡，金银楮币各一千，祭延三，羊一。大祭同。百日、期年祭，视初祭半之。一月殡，三月葬。墓祭纸币、酒肴有定数。通礼，士敛衣复禅单各一，复衾一，袭常服一称，含用金银屑三。用铭旌。庶人复衾一，含银屑三，立魂帛。士茔地围二十步，封高六尺。墓门石碣，圆首方趺。圹志二，如官仪。柩舆上竹格垂流苏，杠饰红，无。引布二，或布一。灵车一。明器从俗。庶人茔地九步，封四尺。有志无碣。舆以有衾覆棺，袆盖。杠两端饰黑，中饰红垩。余略仿品官，制从杀。”

关于品官的丧葬礼俗，也等级森严，这里不再繁叙。

平遥古城有些现有墓冢仍保留着当时严格“礼制”的古迹。平遥古城西南部的1千米处，有清乾隆年间贡生、修职郎（正八品）、议叙县丞冀君聘的墓，该墓为清道光七年（1827年）七月十五日的合葬墓。该墓的墓碑为圆首方趺之碣，高度也低于七品官的5.5尺（1尺＝0.33米）之限。墓丘已塌陷，但周围的两弧形石条仍在，石条把墓丘限在“士墓地围二十步”之范围内，后人日后清明节等家祭时，即便进行“圆墓添土”，也必须以石条所围为限，这一设计防止了后人“越制”。清代丧葬礼之严厉，可见一斑。

平遥多数人家办丧事，场面及花销可量力而行，但丧葬礼制却是丝毫不能马虎的。平遥的丧葬礼制，清代以来一直是遵循顺治初年制定的“士庶人丧礼”。清康熙四十六年（1707 年）《重修平遥县志》中，对明代至清初平遥丧礼程序等也做了简要记载：“丧礼。初丧时即成服，吊客尊者送孝带，等辈给以孝巾。每七日作佛事。葬日始设铭旌。奠用鼓吹演戏，陈刍灵幢纸。男丧祭方相氏，女丧祭引路菩萨。来奠宾客，旁亲朋友代宴，名曰歇主。奠礼或丰或俭不一，至亲带客来奠，礼银十数两，作祭幛。及发引以僧道鼓吹导丧，多不祀土，亦多不题主。葬毕三日则祭于墓，小祥、大祥、除服亦祭于墓。”

丧葬之制到清代后期，可能由于大量捐官、捐功名、捐封荫，难以分辨品官和士庶了，加之清廷腐败、外夷入侵、西方文化冲击等，民间“四礼”之制已无人顾及了，但基本程序及突出“礼”和“孝”的主导思想还是一致的。

清末民初，平遥古城的丧葬程序也是很复杂的：

（一）病沉（病笃）

旧时平遥人称病入膏肓、无力挽救的病情为“病沉”，一旦发现病人“病沉”，就要想方设法使病人的死期避开不吉利的日子。平遥人讲究“男怕初一，女怕十五”，还忌讳二十四个节气的第一天，认为这一天是“四离”“四绝”的日子，这一天内连嫁娶都忌。认为这一天婚丧“主破散、绝灭”，因而家人必须努力避之。

病人病沉后，更是子女尽孝的最后时刻。首先是不惜一切代价问医求药；其次是恳请病人留言、吩咐家务、训诫子孙，一一记录，成为遗嘱；最后是家人日夜轮流守护在侧，室内尽量安静。同时，还应根据家庭经济状况，商定料理后事。

后事中首要东西为寿衣和棺木。清末的寿衣是品官穿朝服，但不让花翎入棺。普通人则男穿宁绸棉袍、红青宁绸马褂，内衣用白布，足穿布袜、圆口鞋或云头福字履。女子上身着红青或棕色大褂，下穿长及足面的夹裙，豆绿、深蓝色最为常用。

民国以后，寿衣发生了变化，但至今平遥仍有几忌：一忌禽兽皮、毛、革制品，免致亡人死去在“六道轮回”中转为畜生。二忌寿衣用扣子，要用带子结系，大约有后继有人之意。三忌衣料用缎子，因缎子和“断子”谐音。四忌寿衣件数用双数，避免“重丧”。

棺木是平遥古城沿袭两千多年土葬民俗中的主要葬具。人死后，先殓入棺，再埋入土。平遥人称棺木为棺材，是人们死后的房子，较为重视。平遥有句口头语，“活着有副好铺盖，死了有口好棺材”，说明了人们的心理。所以不少老年人活着时就提前置办了“寿材”，里面放一个不倒翁，平遥土语叫“板不倒儿”，喻义寿材的主人倒不了。木材铺的棺木，平时备有现货。木板厚度尺寸不同，但大小一致。平遥旧时的棺木是“够不够，六尺六”（指长度），宽则一尺八寸，也有“天下棺，七尺三”的说法。厚度则各有不同，由于棺木大致是头大脚小斜方的，所以使用材板也是前厚后薄。有“三、四、五材”，即底三寸、帮四寸、盖五寸；有“四、五、六材”，即底四寸、帮五寸、盖六寸（平遥人称“足五寸”）；有“三寸材”，即前三寸、后二寸五；还有“二、五材”，即前二寸五分、后二寸。木材的质量也有讲究，早年豪绅富商有从南方购回楠木做棺材的，上乘者为金丝楠木。“独幅板”即棺盖、两帮、下底都是整板，也有在当地采用柏木制作的，价格十分昂贵，有的贵达上千银圆。多数百姓用柳木、松木，但无论用何种木材做棺，四板之间头部、脚部的挡板（平遥人叫“挡头”）必须柏木，俗传柏木可防止穿山甲吃亡人的脑子。

平遥古城人用棺木时，要进行漆画，漆用红色、棕红色、黑色皆可，两帮画“五蝠（福）捧寿”“二十四孝”等，棺头刻云饰木主牌位，上书“清故显考（妣）× 翁讳 ×× 之灵柩”，挡头上有画，男用蛇盘兔，女用莲花。

老年人提前做寿衣、棺木，平遥人讲究农历闰月时制作，寓“意哪年哪月也轮不上我使用这些”。

（二）衣殓

古时称衣殓为“襚”，即给即将死去的人穿寿衣，平遥人叫“装裹”，也称“小殓”。平遥之俗，病人重危、必死无疑时，一定要抢在咽气前换上寿衣，即使换寿衣后，病人又活过来了，也没有关系，因为平遥人认为这是穿寿衣“冲喜”的结果。咽气后再穿寿衣，民俗认为这等于让病人赤身赴阴曹地府，为大不孝，终身悔恨。

垂危病人衣殓前，要给病人沐浴、剃头，此程序在平遥民俗中也是必须的，意在让死者干干净净地离开这个世界。宗教习俗也认为不让亡人把今世的尘垢带入来世，或带入“天国”。给垂危病人洗浴，男用子、孙，女用子媳、孙媳。先洗脸、洗发，依次洗上身、下身。上下身各用新毛巾一块拭之。剃去前额及两鬓头发，后面不剃，谓之“留后”。剪去指甲，装入小布袋，大殓时置入棺内。洗浴水要刨坑埋掉。

衣殓时，平遥人讲究给亡人戴首饰，但首饰过多常引来盗墓者。殓物还有铺盖，但被子要称“衾单”，因为“被”和“背”同音，皆乃背兴，太不吉利。可见平遥民俗中时时处处以趋吉为本。

衣殓后即进行倒床，平遥旧时多用自家一门板，平置炕上，移亡人平躺其上，头枕新土坯。旁点一麻油灯，谓之长明灯，勿使亲人之魂行茫茫幽冥夜路。口中放一“玉蝉”，平民百姓放一铜钱而已，谓之“琀”（或“唅”）。此礼古代即有。《后汉书·礼仪志》云:“登遐,饭唅珠玉如礼。”并下注引《汉旧仪》云：“帝崩，唅以珠。”

衣殓后，孝子及全家老小吊哭于亡人前，以示送别亡灵。然后由老伴或年长妇人，将亡人枕头撕一小口，棺殓后置于棺下，盼其早超生。出殡之日，烧于大门外。而今烧枕头之俗，出于环保，已废止。

（三）报丧

平遥人所谓报丧，即亲属初亡衣殓后，立即由孝子未成服而先报丧，首先以“三五麻纸”张贴于大门上，男左女右，如夫妇一方早已亡故，则需左右皆贴，称为报丧纸。告知乡亲邻里，本宅有人亡故。特别重要的是立即向“人主”报丧，“人主”即亡人之“主”，男亡报娘舅，女亡报娘家。孝子头系三角白布，鞋要偃后而趿拉着，父亡偃左，母亡偃右，双亡皆偃。进到人主家，双膝跪地，泣报丧情，呈上按礼制规格备下的孝布，孝子叩请人主即去探视验看，以便入殓。人主未验看尸情并且表示无疑义前，是绝对不许入殓的，否则视为废礼违法，必受追究。平遥早年书香门第有丧还要在门外张贴讣闻，并印发死者生前主要亲友、世交、邻里等。平遥人也叫“讣闻”为“引状”，类似今之讣告，讣闻除介绍死者生卒时间外，还要将出殡日期、路径及出殡前的行魂、超度等活动标清，以资死者的亲戚、朋友、同僚、同年、世交、邻里等届时送别。对必告之亲友，要将印制的讣闻派人送达。当然，讣闻都是在“阴阳先生”的推算指导下，确定各种丧礼日期后，才能书写印刷。旧时拟写讣闻，对直系亲属的“五服”关系书写排列，要求很严格，绝不能有半点差错，因此许多人需到“印局”或刻字铺花钱印制，印局中有各种服制关系的式样，而且拟稿人也有多年实践经验，所以专门以此赚钱。清末民初平遥也用讣文，今以平遥古城内财东侯定元去世后的讣闻为例。

引　状

不孝男君弼罪孽深重，不自殒灭，祸延显考

清诰授武功将军、兵部候推游击、赏戴花翎加二级、议叙都司侯翁讳定元字乙卿府君，恸于中华民国八年阴历十月二十七日酉时，疾终正寝。距生于同治七年十月十六日丑时，享春秋五旬有二。不孝君弼侍奉在侧，亲视含殓，当即尊礼成服。向蒙垂吊，曷胜哀感，掩柩在堂，未遑讣报。今奉慈命，沐卜于民国十年八月十四号，即阴历七月十一日，不孝君弼扶柩，出南门路经笔砚凹先茔，哀启

显妣、显继妣

清诰封夫人薛、武、王、周太君之圹，移柩诣发秀原祖茔之次，一并依序合葬，叨在

族、戚、世、友、邻谊，届期伏祈　俯赐

光奠殁存均感之至，哀此状

闻

哀哀哀哀前未及哀哀前哀哀孤子侯君弼、君保泣血稽颡

齐衰期服孙　绍武　泣稽颡

功服侄君屏、豫生、梁生仝涕泗稽首

小功服侄孙　绍西　抆泪顿首

小功服侄君栋、君梁　仝抆泪顿首

缌服侄孙绍曾、绍邺、绍左、绍留仝拭泪顿首

《清稗类钞》载："讣文，一作讣闻，古本作'赴'，以丧告人也。详具死者之姓号、履历及生卒年、月、日、时，卜葬或浮厝之地及出殡日期，凡宗族、戚友、同乡、同官、同事、同学，分偏致之。"但旧时平遥古城丧葬讣闻，不书亡人生平事迹和履历，而在"墓志铭"中记叙。

（四）大殓

平遥人又称大殓为“成棺”，即亡人遗体入棺的意思。按平遥民俗，衣殓以后，必须请人主来家，察看死者尸情，尤其是“暴病”猝死者及年轻媳妇的死亡，人主将认真询问相关人员及观察死者遗体，如怀疑为非正常死亡，则可报官，由官府派仵作（法医）验尸、鉴定、结论，当事人可能将被追究刑事责任。清代出殡时，要有“阴阳先生”出具的“殃榜”，即证明系正常死亡，而民国十六年（1927年）后，“殃榜”无效，须由家属持看病处方到县政府换取卫生管理部门的手续，证明不是传染病，即可出殡安葬。

得到人主的认可，即可在阴阳先生的指导下进行大殓。首先，棺材内面要以沥青灌缝，猪血灰等抹平，裱糊花纸或绸帛，以防尸体腐烂后溢出。入殓的时间及具体操作，都由阴阳先生推定并指挥。因为入殓是最后的遗体告别，所以尽量让亲属到齐，尤其是子女，即便远游在外，也须日夜兼程赶回。“吉时”入殓，清末民初，入殓需在三日内完成,否则对家宅不利。再者第三夜就到平遥民俗的“行魂”时间了，不得再拖延了。

入殓时还有忌在场者属相的讲究，由阴阳先生根据亡人的“原命”（出生时间）和“大限”（死亡时间）推算出来，实际也有定规。一般是正月、四月、七月、十月死者，入殓时忌属虎、猴、蛇、猪四相；二月、五月、八月、十一月死者，入殓时忌属鼠、马、鸡、兔四相；三月、六月、九月、十二月死者，入殓时忌属龙、狗、牛、羊四相。但是，亲属不忌。

阴阳先生入殓推算时，连同“破土”（挖墓坑）、发引、下葬等时间也都根据《茔元课定》推算出来了，似乎不许更动，但也可视各家的经济等实际情况确定，阴阳先生也能随机应变，进行调整或“破解”。

棺木抬来安放前，平遥民俗要由死者儿媳或孙媳，把死者生前用的陶瓷碗，在棺前摔碎，摔后大哭。名曰摔“十病钵”，象征各种病都被死者带走，从此全家平安健康。棺木停放于搭好的灵堂棚内，以两支长木板凳支于下面，使其离地。棺中先用锯木或细炉灰垫底，以便万一尸体腐烂时，可以吸水。上铺布单，摆放七枚铜钱成“北斗七星”形状（南斗主生，北斗主死），谓之“后背（辈）有钱财”，因为钱放于背下，而背和“辈”同音。再把尸体连被褥移于“太平板”（薄板）上，用手绢遮盖面部，平遥人讲究死者不见天。由长子抬头端，次子抬脚端，无子者以孙代理，在帮忙人役的帮助下，尸殓入棺。途经之佛堂、门神、土地堂等，事先以粉红纸蒙贴，原来停尸的门板要立即复于原位。入殓时要先入脚，后入头，表示行进。

接着放入殉葬物，如死者生前用的文房四宝、眼镜、水烟袋、怀表、手杖、玉扳指、玉佩一类，手中握点金、银或铜钱、硬币之类，大约是不愿让死者“空手而去”。但一般不放贵重之物，特别是女子的贵重首饰、珍玩等，防止招来盗墓者。名门望族丧葬入殓时，有意雇请些当地闻人帮忙，以作见证，多给张扬。死者身上还要置桃树枝一截，以便亡魂途经“恶狗村”时防身。死者生前掉下的牙齿及衣殓时剪下的指甲，都装入一小红布袋，放入棺中，甚至许多老年人攒着平时掉脱的头发，也应一并入殓。此外，不同的阴阳先生还要让放入各自认定的“镇物”。为防尸体殡葬时晃动，尸体两侧以衣物等填稳。也有用锯木纸包、棉絮等填充者。

入殓的诸多程序中，最后一道程序叫做钉棺，平遥俗语叫“钉斩”。棺盖先放置得只留一小缝，由孝子伸手把死者脸上的手绢拉开，为最后一别，役人立即盖牢棺盖，由木匠钉棺，这时孝属皆跪棺前说：“××躲钉子”，钉毕，孝属们哭嚎一番。役人以油泥或猪血灰抹平缝隙，再上油，使棺木彻底密封,再把“长命灯”摆上（今多以电灯代替），大殓告成。

（五）灵堂丧棚

平遥之俗，灵堂多搭丧棚，灵堂设于院中，衣殓后雇请赁铺在院中择地搭建白布丧棚，以便内设灵堂。棺木按照头东脚西的方向摆放好后，前面摆放两支八仙桌，桌前再摆放一矮桌，因此丧棚必须足够大。棺前立摆四扇窗棂格式木架，上嵌彩画玻璃，当地谓之“碧纱橱”，使灵堂隔开前后，前为祭堂，后摆棺木。棺木两头地下放谷草若干，供孝属跪哭。孝子跪哭于头端，孝女、孝妇坐哭于脚端。谷子多籽，平遥人丧礼用谷草，趋吉“多子”。

棺木下面放一纸糊“老牛喝臭水”，意即死者生前的一切错误、过失、罪孽等，从此都被老牛喝掉了，祈求取

灵棚

得一切有关人等的谅解。还放有笤帚一把，箧箕一个，将来起灵出殡后，用以象征性扫棺下之地，之后把笤帚等高抛于房顶上，象征一切功过皆随死者乘风而去。

“碧纱橱”前摆着灵前山，是一硕大的山形纸活，中间糊有纸戏台，内摆唱戏的小纸人，意为给死者演戏，此俗太约由宗教寺庙为给神演戏而建乐楼之俗演绎而来，作为对丧者之尊崇。再往前，中间摆死者的神主牌位，男丧上书“×故显考×翁讳××府君之神主”，女丧书“×故显妣×府×氏太君之神主”。今多以死者遗像代替。这里顺便介绍一下“显考”“显妣”之称谓，古时父死曰“显考”，“显”与“先”通用，考者，成也，事业已成也。母死谓之“显妣”，妣者，嫡也，可与父媲美也。《礼记·曲礼下》载：“生曰父、曰母、曰妻；死曰考、曰妣、曰嫔。”按《家礼》，旧于祖考上均加“皇”字，但元大德年间诏令禁止，改“皇”为“显”字。

灵前还摆放着一对纸活带座站人儿，一男一女，按男左女右站立，名曰“服侍”，实为土地爷的两位侍童，即“金童”“玉女”。平遥民俗认为，入土安葬祭祀“后土神”（土地爷的前身），当然是必不可少的礼制，而早年百姓看到各级衙门中的吏役，恶如虎狼，大约土地爷的服侍者金童、玉女，也少不得供奉，否则他们会为难死者的“灵魂”，或搅得居家不安，因而从设灵堂到安葬，一直虔诚地把他们供奉于灵前，出殡时由专人举着，走在送葬队伍之前，借以带路护佑。下葬时，金童、玉女放在棺盖上。这里可以看到民俗中宗教信仰同旧时社会现实的联系。

八仙桌上还摆着“遗饭钵”，即用一小陶瓷罐，以金铂纸贴糊全身，上盖一个用发面蒸的“花糕”，中间插筷子一双，两盆纸制“五七花”左右摆放，出殡时留在家中，过“五七”时焚烧于墓前。出殡之日，把供摆的各种菜肴每样填入遗饭钵中一些，填满为止，安葬时随棺埋入墓中。八仙桌前沿一字排开锡制香炉、烛台、香筒等供器五件，点燃白色蜡烛。八仙桌前面的矮桌上置一金属盆,名曰“奠池”，池左侧设有执壶、奠爵（酒壶、酒盅），吊祭时要在奠池中焚燃冥币、纸金锞等，再用执壶、奠爵洒酒致祭。矮桌前铺苇席，供众人跪吊。

灵堂外左右扯铁丝,用以挂亲戚送来的“奠幛”(衣料)。灵堂左右柱上贴着白纸黑字对联，多以歌颂死者生前为人处世和功德为主题，兼有痛悼之词。

（六）行魂

平遥丧礼民俗中有“行魂”之举，也称“烧纸”。俗传人死后,其灵魂在进入“六道轮回”前,先要到“望乡台”上，这样可以回眸自己生存过的这个世界，并能注视子女们的孝行。为期三日,然后再入“鬼门关”,进入“六道轮回”(天、人、阿修罗、地狱、饿鬼、畜生)。因此死后第三日夜,以孝子为首,全体孝属要搞行魂礼。时夜二更天(约21时),在鼓乐五人(鼓一、唢呐二、钹一、笙一)吹奏下，由灵堂前开始往外行，沿着预定的送殡路线行进，司礼人掌白纸灯笼领路，沿路抛撒纸钱以济游魂野鬼，每人手持供香一支，孝子沿途啼哭，行至村外或城外无居民处停止，焚烧冥币等,全体向前跪拜,四叩首,因为平遥民俗叩拜为“神三鬼四”，故行四叩首礼，手持的供香全扔入焚烧的火中，大家原路返回。返回时谁也不许回头观望，也不准互相说话，以防亡人魂魄因恋亲而不散。平遥丧礼中，配偶在行魂和送殡时，不准出去，要在家守着锅台哭泣。

早年的富商巨贾在丧礼行魂后，从头七(人死后第七日)开始，每七日都要请僧、道来念经超度亡魂，至四十九天才出殡。佛教习俗认为，人死后其灵魂进入“鬼门关”后，有四十九天“中有”期，也叫“中阴”期，之后才正式进入“六道轮回”，请僧、道超度，可为亡人减轻和解脱生前罪孽，以期盼亡人能早早升天，至少能转生来世，继续做人。这种高消费的超度，只有少数富家能担得起，有的仅在出殡之日超度一次，平民百姓一般无此程序，只以孝属啼哭代替。

（七）吊祭

平遥丧礼民俗中的亲友吊祭，也是丧礼活动的一项重要内容。亲朋之吊祭又称吊唁，“吊”是对亡人的祭奠，“唁”是对亡人家属的慰问。

亲戚谊友家有丧事，要前往吊唁，赶在大殓前者谓之“探丧”，对孝属一一慰问，希望能“节哀顺变”，关心一下送殡治丧之事，询问是否需要帮忙，寒暄后告退。平遥人讲究孝子重孝在身不送客。三天行魂后，正式开吊，亲友即可置备祭菜、祭幛等，重新来吊祭。

旧时给嫁出去的姑娘家送讣闻报丧，不许直接进院门，先在外面敲门呼叫，待有人出来后，不论其辈分大小，来者一律单腿打千“磕丧头”，进院后不能进屋，只喊告姑娘一声谁去世了，把孝布递转后，让姑娘向公、婆讨教。姑娘需向公、婆磕头，禀明娘家父母有亡者，请公、婆示下孝服穿法，如果她已生男孩，也算对家族的传宗接代立了功，可以在家中穿好孝服前往吊丧，否则需到娘家门口才能穿孝服，这种封建规矩今已废止多年。

“行魂”以后，正式开吊，绝大多数人是在出殡之日才来吊祭。但如果出殡日期为第七日或第九日，平遥民俗一般要在第五日停止吊唁一天，谓之“避孝”。

旧时平遥人吊丧，门外一直有人恭候，客人到，立即向里喊叫:“来客喽!”或“××老爷到!”院中鼓乐起奏,客到灵堂前行香奠祭,孝男孝女在棺前跪哭,吊者行四叩首礼后起立,由孝属“还礼”。首先是孝子从后面跪行出,将柳枝哭丧杖横置于前,向吊祭者行二叩首礼,后依次为贤孙,再次孝媳、孝女,均要一一“还礼”。来客如系长辈,则仰面受拜;如系还礼孝属之平辈,则侧欠身微微弯腰以“答礼”;如系还礼孝属之晚辈,则应相向而跪,亦答以二叩首礼,此礼俗至今在平遥古城沿袭如故。

早年平遥人吊祭亲友,都要在饭店定做祭菜,也有请厨师在家制作者,多以“八八”“四四”等上等规格制作菜肴,最少也要用“十大碗”。制作不同于喜庆宴席,不求其味道,而是要求每道菜的色、形十分鲜丽耀目,多用胶类、食色辅助。厨师中有擅长这方面者开着专门作坊,做好后,用“食勒”(方斗红漆盒,每抬四节)分抬送达,丧家须给抬送人以赏钱。各种祭菜的摆放顺序亦有规矩,丧家需雇请灵前“看客”的专业人员,专门负责祭吊礼仪。祭后,要挑一两种祭菜填入“遗饭钵”作为象征。许多亲友常凑用一套祭菜,上家祭毕退出后,由厨师在外面把动过的一两种重新替上,即可以另一家名义上供吊祭,订菜者既省钱,又省事,做菜者就地连连赚钱,抬送者赏钱不断,皆大欢喜。祭奠后,司礼、“看客”人员要给吊祭者回送谢帖。现以某老翁病故，其妻仍健在为例，立一谢帖范例。

谢

领

孤子×××泣血稽颡

齐期孙×××泣泪稽首

齐期五月曾孙×××泣稽首

谢帖范例

父丧后，子自称“孤子”；母丧后，子自称“哀子”；父母双亡后，子依父母亡故顺序，自称“孤哀子”或“哀孤子”。如果某公原配夫人未生育而早丧，后续弦夫人生了子，某公丧后，其子在丧礼文书中的自称前加“前未及”三字，即“前未及哀孤子”，他人一看就知孝子之生母尚健在。待续弦夫人也死后，孝子自称就是“前未及哀孤哀子”了。

如果孝子中长子早亡，而且长子之子是嫡孙（长孙），则应由长子之子即嫡孙承重，书于其余孝子名序前，“承重孙 ××× 泣血稽颡”，然后才书其余“孤子”。

近年来，除丧主家出殡时制作祭菜外，亲友多给现金以资助，代替祭菜之仪。平民百姓家或关系不太亲密之亲友，早年多以发面蒸制的“大馍馍”，不点红饰，共六个，用以祭奠。主家留其一个而回以无红点小馒头六个，也有把其中一个“大馍馍”掰一掰，原封退回，回以谢帖及饼干六块者。使用高档祭菜者多是姻亲、患难之交、人主等，用之以隆其仪。

旧时平遥亲友之间，吊祭也有送祭幛者。祭幛又称挽幛，常以黑、蓝、灰等素色衣料为之，尺码以够人一身或一件衣服的尺寸为准。上面用针别着四字挽词和上、下款，均用白纸蓝字书写。挽词多用颂德套言，例如，挽男人用音容宛在、古道犹存、典型尚在、驾鹤西行、福寿全归、英名千古、大雅云亡等；挽女人用孟母遗风、婺星殒坠、德范永存、驾返瑶池、星沉露冷等;挽少玉用香消玉殒、珠沉玉碎、红尘一梦等。上款书对死者的称呼，如“××老大人千古”“×× 老夫人灵右”等,下款为挽者自称“××、××× 敬挽”。吊祭者送的挽幛如无题字，丧家司礼房应问明关系及姓名，代为书办，要全部挂在灵棚内外。挽词宜用楷书、隶书，不用草书，以示庄严。

民国以后，也有送花圈或挽联的。花圈有两条纸条，供题写上、下款。送挽联者，多以歌颂死者生前美德、功绩，或感叹其生平遭遇，或惋惜其经论、才华，可尽情抒发之。世俗通用华丽辞藻者亦不少。

（八）点主

成主—题主—点主，即给亡故的先人建立木主，平遥古城多少年来，点主之俗流行于城乡各地。近年来多已改为以父母亲的遗像供奉了，但建立木主之举，仍十分普遍。《清稗类钞》丧祭类载："武王载文王木主而东伐纣。"证明此俗已流传很久了。

民俗认为，家鬼依木不依墓，"形归于土，而后依神于木主"。因而在明清两代，不论官宦显贵还是平民百姓，丧礼中都普遍有点主之程序，平遥自在其中。古人认为建立木牌位，让先人之神魂永附其上，留给后代奉祀。三年后即可送入本族宗祠内，但平遥多数人家的神主不往祠堂送，仅由孝子报祠堂值年人员，将亡者姓名依照"左昭右穆"的礼制，填写在宗祠祀祖图（平遥俗称"神则"）的适当位置上，每年春节的初一到初五，各家族宗祠要供挂神则，家属前去叩拜时即可将家里上年亡人填写于其上。

平遥成主仪式在下葬当天早晨进行，出殡时，把点好的神主放入一喜轿里，神主盒上披着黑纱，插着柏叶枝，以示庄严肃穆，出殡时的喜轿平遥俗话叫“神主轿”，轿随出殡棺木直到地头，下葬后再从坟地把神主抬回来，由孝子抱着端坐轿中，直至家门，谓之“移魂”。移魂时有鼓乐相从，需奏喜庆曲调。

成主需请题主官和点主官，要请有名望、有地位、有功名的亲友题写神主牌，谓之“题主官”，多在亲友中选择，否则需礼请外人，花费非小，贫穷之家是请不起的，有时也就请刻字铺的人写成，再找个有点文化的人点主，也就凑合着办了。

一般神主都以楠木做成，下有须弥座，前脸有雕花栏杆，座上是牌位，整个神主罩着龛式木套，前面插板可拉开，前面也有木门者，供奉时打开。一般神主牌位有内函、外函两部分。

外函书“皇清故 × 官显考 × 翁讳 × 府君之神主”（父）或“皇清故显妣 × 府 × 氏太君之神主”（母）。到民国时，起头即改为“民故”，当今平遥人写神主又用“公故”或“公元故”，改用之源无从考究。

内函的两边要写亡人生卒年、月、日、时，甚至还写葬与何处，最下面写“孝男 ×× 奉祀”。

普通人家点主，多请亲戚、朋友中的文化人，只请点主官，不用襄主官，以轿车请来，揖让于客厅，端坐案前，孝子行大礼后，点主、安主。

（九）茔地

平遥人对茔地的选择十分讲究，认为茔地的好坏关系家族的兴衰，所以各姓氏的祖茔，都是其先人们煞费苦心请阴阳先生反复察看论证而选定的，选择时多以《三元总录》中的《茔元课定》为据，但历代阴阳先生对这些理论的造诣不同，认识有别，加之主家的各种条件不同，所以城郊各地到处皆可见墓丘，看来平遥古城这个地方称“风水宝地”是当之无愧了。至于茔中墓穴的走向，皆要依山傍水，俗传“山主人丁水主财”。平遥的东南有宝塔山，西南有绵山，按八卦方位，东南为“巽”，西南为“坤”，故而平遥人在茔地中墓穴走向多取“乾山巽”“艮山坤”方位。平川乡村近处无山可依者，阴阳先生则以罗盘定坟地之水平度，择高处为“山”。当然这一切仅为一种心理平衡罢了，均无科学道理。

平遥人迁坟地，立祖者要具备三个条件，即夫妻原配、年过花甲、子孙满堂。以下各代的墓穴定位以“左昭右穆”的礼制为据。若族中男人亡故，即可择时埋入礼定之穴位，夫妇中妻先亡，不得先行“上穴”，须先寄埋他处，待夫亡后合葬，也属男尊女卑。另外，家族坟地入穴者间隔不得少于三年，否则象征这个家族家败人亡。即便其间有男士亡故，如果三年内已有人入坟“上穴”了，现亡者也得屈寄他处等候时机，这种掩耳盗铃的习俗，徒使族人多些麻烦。

（十）茔地石刻

千百年来，平遥城乡各姓氏祖茔中，神道上依制可有不同的石雕人兽像排列两旁，谓之“石像生”。最著名的梁官村元代征先都元帅五路万户梁瑛家的祖茔，因其数代官位显要，祖茔排列石像生很多，20 世纪 70 年代搞“园田化”时被埋入地下。清虚观现有馆存明代茔地文武官员石像生。而且，茔地的后土神碑、神道碑、基墓石、埋入墓中的墓志铭等，平遥城郊常有发掘出土者。清虚观平遥历史博物馆中，陈列着唐开元、天宝年间的墓志铭十多块，展示了平遥古城丧葬礼俗的悠久历史。还有唐代马仁表的神道碑，碑体高大，螭首，证明马仁表当时为五品以上品官。神道碑即墓碑，明、清两代规定，五品以上品官可用“碑”，即“螭首龟趺”，而六品以下至士庶，则只能用“碣”，即“圆首方趺”。清代平遥城乡用神道碑者已属少数，大多数人家用基墓石，即一长方青石，正面刻墓主名讳及生卒时间，上面又可当供桌使用，一举两得。另外，大多数家族迁定祖茔后，就在阴阳先生的指导下，确定了“后土神”的方位，修建青石后土碑，上加石雕带顶碑亭，或以砖砌碑亭，现今在城外仍可见到。

关于墓志铭，其来历已很久了，在西安市碑林可看到汉代、北魏时的墓志铭。平遥现出土墓志铭最早在唐代。唐以来的墓志铭多为二尺左右的方石，两层组成，上面多刻以篆体刻“× 君墓志”，下面镌刻的文字分两部分，前半部为墓主的祖籍、名讳、功名、官品、生平简历，另加些褒奖之词，谓之“志”，后半部分为“铭”，多以四字或五字诗的形式，表达对死者的歌颂、感叹、怀念等。历代王朝对品官和士庶丧礼中所用的墓碑及石人、石兽的品种、数量，都有品级限定，十分严格，但墓志铭则官民皆可用，没有等级区别。神道碑、墓志铭实则是对死者的“盖棺定论”，语言溢美，辞藻华丽，多请名士撰文和书丹，也是封建时代的一种时尚。平遥梁官村元代四川道肃政廉访使梁天翔之神道碑，就是由元代翰林学士承旨、著名书法家赵孟頫写的。清末平遥超山书院山长，赐进士出身、福建正二品巡抚徐继畬，受人之请，曾为不少富绅巨商写过墓志铭。现存清道光七年冀君聘的合葬碑就是徐继畬写的。冀君聘同徐继畬之父徐润第〔乾隆六十年（1795 年）乙卯恩科进士〕是太原晋阳书院的同学，都是盂县人王晦的弟子，王晦是康熙四十五年（1706 年）丙戌科进士。

然而占人口大多数的平遥老百姓，都无钱立神道碑和墓志铭，但墓志铭又是墓中之永久标识，年长日久后，棺木腐朽，后世迁墓或合葬、移葬等，将无法辨识墓主，地貌的变迁更使后世无法寻觅遗迹。百姓中就出现了代替墓志铭的新俗，即用新砖、新瓦各一，以瓦代替墓志铭盖，砖代替底，砖、瓦上都用朱笔书写死者的名讳、生卒时间等，再用麻线一缕把砖、瓦捆在一起，下葬时放入墓中棺盖上，省钱又省事，同样“永垂不朽”，此俗至今沿用如故，无一家例外。看来丧葬礼俗亦同其他礼俗一样，随着社会、自然条件的变迁，民众生活方式的变化，也在不断演变。

（十一）出殡

出殡是丧礼的关键程序，出殡日是入土安葬之日，许多民俗内容要在这一天进行。出殡的日期选择，多由阴阳先生推定，但有一条原则，要从死亡当日数起，取单日出殡，以防“重丧”。至于日数，如果死者还不到60岁，且有父母健在，最多停留7日，在第7日安葬，甚至第5日安葬。特别是晚年丧子女者，停柩过长，只能更多地刺伤“白发人送黑发人”的父母慈心。平遥民俗将年满60岁的亡者称为“老丧”，30岁以上60岁以下为“夭折”，20岁以上30岁以下为“殇折”，20岁以下为“少亡”。对于“少亡”“殇折”者，甚至可以第3日入土，且无隆重仪式。如果死者已到

出殡时“掩坟杆”开路

耄耋之年，而且“四世同堂”，则最多可延至第四十九日安葬，以便使子孙们能更多地尽孝悌之心，表现了汉族以孝为本的儒教传统文化特色。当然，旧时贫富不等，要视家景而异。

出殡之日晨，即于大门前摆放丧者初丧时头枕的土坯，上置陶盆和金铂纸贴裱的菜刀状纸片，平遥人称“捞饭盆盆切菜刀”，旁边再把死者枕头中的荞麦皮倒出点着，让其燃烧。近年来由于烧枕头时烟雾呛人，多已废除此俗。大门外悬挂“岁纸”，张贴白纸对联。灵前摆供自家制作的祭菜。门外还要放一大枝柳树枝，谓之“掩坟杆”，下葬后栽于墓丘上，柳树易成活，寓意辈辈留根。

早饭后，吹鼓手及从赁铺租来的棺架、龙杠、棺罩、招魂幡、神主轿、铭旌楼及其他执事（仪杖）都已到位，人役也都由赁铺雇请，统一服装，也有由丧家组织一部分亲友抬棺、举仪杖者，以减少开支。

早饭后即开吊，最先到的是各姻亲女亲家（男亲家一般不来），平遥民俗讲究亲家出殡要争先到，以示亲近，抬送的祭菜也很隆重，一般同时备有挽幛、花圈等。灵前从一大早就有司礼人等恭候了。其他亲友也间杂着前来吊孝，“人主”家则姗姗来迟，常延至中午才到，一则表示高贵矜持，二则表示痛苦无比，也有借故搅闹丧主者，以泄平时积攒的各种矛盾之愤。吊孝之礼全部行完，平遥还

孝孙提着幡儿送葬

有“挂包头，别帔金”之俗，老丧者生前福寿双全、儿孙满堂者，多用此俗。儿孙按辈分进行，成年人要夫妻同时进行，跪在灵前，孝女、孝媳把提前用淡色绸、布绉成的帽戴到头上，再别上黑呢布花（下以金纸衬底），孝子则把布料折起，披于肩上，父亡披左，母丧披右，双亡双披，还要头插纸制“果子花”和柏树叶，怀揣小圆镜等。男女儿孙所用的“呢布金底花”，图案各有不同。这一程序由司礼妇女及众女亲家协助操作。“挂包头”时，鼓乐改用喜庆乐曲，表示子孙后代已把丧晦之气丢弃，从此化悲为喜，精诚团结，振兴家业，以慰亡灵。

中午开饭，宴请人主和众亲友及帮忙之人，司礼人领孝子敬酒跪谢。孝男孝女们则要在灵前八仙桌上吃饭，为“送别家筵”，要多放筷子一双，以示死者就餐。

出殡时间一般在下午 2 ～ 3 时，因为此时“阳气”已“由盛转衰”，具体由阴阳先生择定，同时也择定了入土吉时。出殡前先统一跪吊一次，焚香燃烛，奠酒烧纸，随即又在喜庆乐曲中“请主”，即孝子抱死者神主盒或遗像出门外，放置于神主轿中。再在亲友哀哭中“起灵”，即 4 ～ 8 名役人用短杆绑好灵柩，将其抬出，起灵后，下面支放的木凳要立即踢倒。

灵柩安放于木架上，上加龙杆，扣上“幡罩”（棺罩），清代规定士庶人等丧礼，“柩舆上竹格垂流苏，杠饰红碣。舆以布衾复棺，不施帏盖”。士庶丧礼，棺木最多允许二十四人抬，五品以上官员方可用三十二人抬，但清代的捐纳制度，使这些礼制早已成为一纸空文，平遥富商济济，捐纳官品者随处可见，所以清末时期，百姓中只要有钱，任你铺张排场，无所谓什么“礼制”了。多用“三十二抬独龙杠”，棺罩裙上的彩绣做工精良，图案华丽，多为“二十四孝”“五福捧寿”等吉祥内容，上有大玻璃顶，闪闪发光。赁铺的抬棺领队人，手敲小铜锣吆喝着，使三十二名抬棺人步调一致。前面孝子以白布带拉灵，平遥人称“拉御车”，后面有孝媳、孝女“托灵”。

送殡队伍很长，前导为开道旗锣、金童、玉女、招魂幡 8 ～ 16 支，还有飞龙旗、飞虎旗、飞豹旗、飞凤旗、三尖刀、偃月刀、象鼻刀、金立瓜、金钺斧、金天镫，数量很多，有的分成好几组，分段插在行进队伍中。“铭旌楼”类似碑亭状，轿式四人抬杆，亭中旌布上书死者的官品、功名等。

神主轿在灵柩前，之间有僧、道队伍诵经者，有鼓乐队分班间行于送殡队列，鼓乐多者有“三班”。男客步行跟队，女客分坐马车若干辆。平遥富商人家出殡，各种纸人纸马等纸活花样也很多。

送殡途中，也有亲友拦灵路祭祀者，临时摆放矮桌供祭，孝子应还礼以谢。

送殡队伍行至“行魂”的结止地，即全部停止前进，鼓乐停奏。以孝子牵头，全体送殡亲友一齐向灵柩跪倒，四叩首，谓之“辞灵”。然后撤去棺罩顶、绣花罩裙和流苏等，仅留罩架和灰色罩衬，各种执事及僧、道都返回，只留一班乐队和神主轿随行，“铭旌布”放入轿内，铭旌楼退回。行至墓地，孝子先供拜后土神，再按时下葬，墓穴引道下先放短圆木若干，灵柩以数条大绳缓缓吊下，再从圆木上推灵柩入墓窑。窑内放入砖瓦墓志、服侍、长命灯、遗饭钵、铭旌布等，孝子以衣袖把棺盖从头抹到脚部后即退出，再以砖砌堵墓门，用土填坑，并筑墓丘，孝子把柳木掩坟杆栽到墓丘中央，并背着身用双手往上象征性地拔两下，并吆喝“××，起！”期盼后世起家，先人早转世。子孙们用过的柳木哭棍全部插在墓丘前，期待柳木生根发芽，象征家族烟火旺盛。最后，孝子们供拜于墓前，焚烧全部纸活。

入土安葬仪式毕，孝子捧神主端坐轿内，返回家中，鼓乐吹奏伴行，谓之“移魂”，到家后，将神主及遗像奉供于桌上，摆供品祀之，孝子焚香叩拜，谓之“上饭”，然后孝子脱去孝服，出殡之礼宣告完毕。

家中院内，起灵后立即有役人拆棚收拾，扯去各种白楹联等丧事标志。众亲友辞灵后一般不返回，就地告别返回自己家。返回丧主家者，进门后要有主家人问："都回来啦？"答:"都回来了！"这也是一项趋吉民俗。进门后，每人都要喝一碗豇豆米汤，取意主家祝各参与者强强健健。

夜间，司账、司礼人交账，主家宴请办事受劳人，许多人家须借助办事人员，连夜分家，分割家产，安排在世老人的生活抚养照料，也颇费口舌。分家要写分单，每个儿子一张，并各执其业。

（十二）出殃

旧时平遥古城的丧葬礼俗中，"出殃状"是必不可少的程序，都必请阴阳先生按《茔元课定》推定，该俗已废多年，但作为一项历史文化内容，可以介绍一下，供今人了解。

1. 什么叫出殃

古时受宗教文化影响，人们按阴阳家的说法认为人都有"三魂七魄"，初死则"三魂"离去，而"七魄"仍存，称为人的殃，须待一定的时日，殃化为某种色气，向某一方向飞去，谓之出殃。

对于出殃，经历代阴阳家的炒作，搞得越来越神秘，演绎出许多神秘的传说，都说殃是死人一生的"恶煞气"，所以出殃时人人都应回避，以免遭殃打，否则不死也得大病一场。就连花草树木遭打，也会枯死。所以，无论官绅平民，凡有死丧要出殃，必须出“殃状”（也叫“殃榜”），张贴于门外，周知四邻，以便让大家提前准备，做好避殃事宜，就连树木也须拴红布条避煞。院内门神、土地等小神堂都要以粉红纸蒙贴，以免殃犯神灵。

2. 殃状的内容

（1）亡人“原命”（×年×月×日×时受生）。

（2）亡人“大限”（×年×月×日×时寿终）。

（3）亡人享年多少岁。

以上三项一般都能由家属详细提供，但有时亡者死亡的时间说不清，阴阳先生就通过问讯家属或邻里，再结合一种看手型的口诀去分析认定，口诀是：“子午卯酉掐中指，辰戌丑未手掌舒，寅申巳亥拳着手，亡人死期不差迟。”其实没有什么科学道理，只不过是阴阳学家制定的一种人为法则，人们也无兴趣去探究罢了。

（4）亡人应于×日×时“出殃”。阴阳先生对亡人出殃时间的推定，千百年来都有一套成规，但男丧和女丧不同。

男丧以八月子时为始，依次下推。子时故者，子日子时出殃。丑时故者，丑日丑时出殃……九月子时故者，丑日丑时出殃。丑时故者，寅日寅时出殃……依此类推。

女丧以二月子时为始，依次下推。子时故者，子日子时出殃。丑时故者，丑日丑时出殃……三月子时故者，丑日丑时出殃。丑时故者，寅日寅时出殃……依此类推。

（5）亡人入殓（成棺）时刻和入殓时妨忌的四种属相。其规律是正、四、七、十月死者，入殓时忌虎、猴、蛇、猪；二、五、八、十一月死者，入殓时忌鼠、马、鸡、免；三、六、九、腊月死者，入殓时忌龙、狗、牛、羊。亲属和服务人员不忌。

（6）择于 × 月 × 日 × 时“破土”（打墓坑）。根据《茔元课定》，破土须忌二十八宿中的房日兔、虚日鼠、卯日鸡、星日马的值星日子，忌“建、破、平、收”这四个“黑道日”，还忌“土王用事”日。

（7）择于 × 月 × 日 × 时出殡，× 时下葬。

（8）推定丧家会不会“重丧”（百日内再死人）。

3.“殃”的形状

民俗中把“殃”想象成一种气色，有高度，有颜色，有走向，都是一种人为的“定规”。

高度以丈尺计算。认为每天的值日天干、地支，都有一个尺度，死者亡于何日，即将该日天干、地支所代表的尺数相加，则为死者的殃高。其口诀为：“甲巳子午九，乙庚丑未八，丙辛寅申七，丁壬卯酉六，戊癸辰戌五，己亥皆四尺。”如某人亡于乙亥日，则乙为八尺，亥为四尺，其殃高为一丈二尺。殃高计算，男女无别。

殃的颜色依照“男干女支”亡故日推算，男故于甲、乙日为青色，丙、丁日为红色，戊、己日为黄色，庚、辛日为白色，壬、癸日为黑色。女故于子、庚日为黑色，丑、辰、未、戌日为黄色，寅、卯日为青色，巳、午日为红色，申、酉日为白色。

关于“殃”的行走方向，民俗中阴阳先生也是按死者亡日的值日天干所代表的“五行”种类定方向，口诀是:“气分五色按五行，值日天干辩分明；金东北，木西南，水土双双奔东南；唯有火红向西北，五色行向俱分别。”“五行”学术中，甲乙为木，丙丁为火，戊己为土，庚辛为金，壬癸为水。

4. 出殃的仪式及“殃状”的用途

旧时平遥古城的丧家出殃有一定的仪式规范。首先，出“殃状”，把殃状张贴于大门外，敬请四邻届时避殃，并予谅解。其次，在死者临终的卧室里适当布置，把被褥铺开，衣服打开，摆于炕头，摆好洗脸水、毛巾、肥皂，亡者为女性时还要摆放化妆品。桌子上摆放点心、茶水、烟具等，把窗户纸撕开一个洞，供亡殃出走。

清代送殡出城时，守城兵卒要验看“殃状”，以排除死者非正常死亡的可能，否则会追究其刑事责任。《清稗类钞·丧祭类》载：“此殃榜盖为将来尸柩出城时之证也。”

二、丧服

丧服也叫孝服，丧礼中为给逝去的亲属戴孝守制，表示哀悼，都要戴孝，谓之“成服”。而每个家族成员及近亲，又因同死者的血缘关系各不相同，孝服的服式、服饰等均有不同。平遥同其他地方的汉族居民一样，大体是按照千百年来的儒礼传统而“遵礼成服”。

《仪礼·丧服篇》把汉族的孝服分为五等，即斩衰（“衰”音“崔”）、齐衰（“齐”音“资”）、大功、小功、缌麻，谓之“五服”。“五服”在历史的变迁中，有传承，有变异，但两千年来其基本定制一直坚持不变。

平遥现行的“五服制”，基本上沿袭了清代规定的丧服礼制。据《清史稿》记载：“顺治三年（1646年），定丧服制，列图于律，颁行中外。道光四年（1824年），增辑大清通礼，所载冠、服、绖、屦，多沿袭前代旧制。制服五，曰斩衰服，生麻布，旁及下际不缉。麻冠、绖、菅屦、竹杖。妇人麻屦，不杖。曰齐衰服，熟麻布，旁乃下际缉。麻冠、绖、草屦，桐杖。妇人仍麻屦。曰大功服，粗白布，冠、绖如之，茧布缘屦。曰小功服，稍细白布，冠、绖如前。曰缌麻服，细白布，绖带同，素屦无饰。”

五种丧服的不同，标志着血缘关系的亲疏，其守孝期限也不同。由此衍生出族亲内男性成员的横向五层关系，即亲兄弟（同父）、亲叔伯兄弟（同祖父）、重叔伯（同曾祖）、堂叔伯（同高祖）、五服头兄弟（也称族兄弟，高祖为亲兄弟）。丧礼中高祖以外不成服，俗称“出五服”。五服以外的族亲自然也只以邻里、村堂的身份相处了。封建社会的酷刑“灭门九族”，即己身犯法，株连以其为中心的上下五服宗族，皆以官定之服制去株连其族亲。因此，封建社会强调服制礼，是马虎不得的。

按清代之规定，五服的布以各种不同麻布为主，但鸦片战争以后，外国的“洋布”及先进纺织技术传入中国，使麻布这种工艺落后的行业受到致命打击，以致逐渐被粗洋布代替，布品之别渐废。仅服式、孝饰等区别而已。

（一）斩衰

平遥古城清末民初的五服服饰如下。

斩衰服：白布衣裤均不缉边际，孝帽用口袋底式，但孝子在初丧至出殡前都不戴孝帽，而是头扎三角白布，出殡之日正式戴孝帽。鞋以白布蒙，如双亲尚有一位健在，则鞋后跟露本色，双亡则全蒙，腰系胡麻丝拧成的麻缕

（相当于“腰绖”），上挂红白布做的小“儿女布袋”。孝媳、未嫁孝女出殡前头扎三角布，出殡时头戴白布绉成的孝帽。出殡时，男、女孝帽前方都要缝一块遮面麻布作为象征，近年改作纱布。男孝帽上还要系粗麻绳绖，即清代五服中的“首绖”。

清代规定，孝男斩衰服用“竹杖”，齐衰用“桐杖”，皆因两种植物易生根延绵而用之，但平遥古城自古就无竹缺桐，即一概以“柳杖”代替，上缠白纸为标志。柳树为北方多见之木，也易生根发芽，寓意香火延绵不停，改用之也合符礼义。女子则不用杖。

按清代规定，斩衰服守孝期为三年，实际使用中是二十七个月，父母丁忧之官，孝满报吏部可重新安排，有的则从此致仕了。当今之斩衰守孝，仅戴一黑纱，按丧者男左女右戴于上臂，也有戴金属“孝”字纪念章者。

孝女出嫁，则降服为齐衰。若长子早逝，且其子为长孙，长孙应为祖父母“承重”，服斩衰。妻为夫亦服斩衰。

（二）齐衰

齐衰为次于斩衰一等的孝服，全身孝服，但衣、裤下际均缉边，男子孝帽前贴一小红布“卐”字，帽口栓一红线。腰系“绖”而无“首绖”。齐衰守孝一年，又称“期”年。但齐衰服又分“杖期”和“不杖期”，“杖期”者用柳枝丧杖，文书中称“齐期”，“不杖期”者称“期服”。平遥民俗中，孝女出嫁，则为齐衰服，孙为祖父母服齐衰杖期，出嫁的孙女亦同。侄为伯叔服齐衰不杖期。父母为子女也服齐衰不杖期，为在室姑、姐及兄、弟亦服齐衰不杖期。为人后者为生父母服齐衰杖期，为同居继父及嫁母、出母等也服齐衰，但对继父之服无杖，对嫁母等则用杖，为曾同居之继父可服齐衰不杖三月。未曾同居继父无服。齐衰服还有五月、三月之期者，即为曾祖父母守孝五月，为高祖父母守孝三月。

（三）大功

大功服仅孝帽、孝鞋而已。为出嫁姑姐，堂兄弟，在室堂姐妹，出嫁侄女，父母为出嫁女，祖父母为孙等。现代平遥的长辈对晚辈之逝一般无服。大功之孝期为九个月。

（四）小功

为从堂兄弟、堂伯、堂叔、堂侄，出嫁女为堂兄弟姐妹，为在室堂姑、在室从堂姐妹。甥为外祖父母，为舅父母，舅为外甥及甥女。仅鞋饰及孝帽皆可。守孝五月。

（五）缌麻

缌麻仅有鞋饰、孝帽，守孝三月。平遥女婿为岳父母之逝服缌麻，但服式不同清代定制，而是孝帽、鞋饰及腰围折为带状的六尺白布。为堂伯叔祖父母、从堂叔伯父母、

丧葬礼仪的女婿孝服腰带

三从堂兄弟，为姑表、姨表兄弟等均服缌服。

平遥丧服礼制中，有一特别之处，即凡曾孙辈男女，不论本族或外戚，皆服黄孝帽、黄布蒙鞋，玄孙辈者皆用红色。

（六）丧葬服制使用的几种情况

明、清时期乃至当今，平遥古城同全国一样，沿用“五服”制，尽管在历史的长河中，这种礼制不断有所变异，但其基本框架一直因袭未变。这种以穿孝服为长辈表示孝意和哀悼，最早源于周礼，是儒家礼制。

“五服”的使用严格依照死者同穿孝服人的血缘亲情或其他关系而定夺，然而使用某种孝服也有另一角度的不同原则。

正服：就是无论亲情还是社会关系名分如何，都应当着这种孝服，既合礼制，又不屈己。如儿子为父母亲服斩衰孝服，即为“正服”。

义服：即举服者虽非死者亲生，但因其社会关系、名分位置，使其必须义务性地穿某种孝服。如儿媳为翁、婆服斩衰，即为“义服”。

加服：按正常情况，本不应穿此种孝服，但是由于礼制的关系，使着服者使用上一等的孝服，即称“加服”。如嫡孙为祖父母承重，即进而服斩衰服，即为“加服”。

降服：虽有某种血缘亲情，但名分受礼制所限，只能使用下一等孝服。如：闺女出嫁后，虽为娘家父母所亲生，但出嫁后已为他人之妇，名分所限，只能降而穿下一等的齐衰孝服。

此外，为殇者穿戴的丧服，即为20岁以下逝者穿孝服，尤其死者还有父母健在，则丧服一律从“大功”开始。

凡服重孝未满，又遭轻丧，则在丧礼期间应先穿轻丧服，待“灵出孝满”后，除去轻服，仍穿重服。

（七）关于“三父八母”的服制

在封建宗法制度下，有关丧礼中的服制很复杂烦琐，特别是旧时一夫多妻制中，如何使丧服不逾制，必须十分谨慎，所以“三父八母”的孝服，可列为一个专门的话题。

1.“三父”之孝服

同居继父：如继父有亲子，则继子应义服齐衰三月孝服。如继父没有亲生子，则继子应义服齐衰期年孝服。

不同居继父：继子幼年和继父同居，原姓未改，长大后不再同居，应对继父义服齐衰三月孝服。如果从来没有和继父同居生活过，则无服。

继母改嫁之继父：母死而父娶之继母，在父死后，因自己年幼而随继母改嫁，同继父同居生活，他日继父死后，继子也必须义服齐衰杖期。

2.“八母”之孝服

旧社会男尊女卑，男人娶妻后可以纳妾，且妾数不限，这种家庭中子女为正妻和众妾穿的孝服就因各种情况而有所区别了，形成了“八母”礼制。

嫡母：旧社会的正妻是明媒正娶的，为领家之主妇，所生子为“长子”。众妾（姨太太）则地位卑下，其所生子女也比正妻所生的子女低一等,称为“庶子”,被视为“贱货”。平遥早年常以“小老婆养的”作为骂人的口语，就源于此。众妾所生的子女称正妻为嫡母。嫡母死后，众妾之子女须为嫡母正服斩衰三年。他们虽非嫡母所生，但小妾的社会地位名分决定了她们的孩子也是地位卑贱的，故而为正服。即使嫡母死后，父亲又娶的正妻也是嫡母，死后孝服同前。

庶母：旧时正妻所生子女对父之妾不称母，妾生子女称其他妾为庶母。庶母丧后，正妻子女不带孝，其他妾生子女一律为之义服齐衰杖期，可见妾在家庭中的地位之低。当然，该妾亲生子女则正服斩衰三年，即使此时嫡母仍健在也不妨。

养母：自幼被送给他人养育，其养育之母为养母，丧后养子应义服斩衰三年。因非养母亲生，无血缘关系，仅名分为母而已，故为“义服”。养父亦同。

继母：母死而父又正娶之妻，长子称继母。虽无血缘关系，名分为母，且是父之正妻，因而要义服斩衰三年。

嫁母：父死母亲改嫁他人，其虽是儿子的亲生母亲，但改嫁他人后，名分地位发生变异，则子女仅能降服齐衰杖期。

出母：亲生母亲被父休出，无论其是否改嫁，均为出母，死后其亲生子女降服齐衰杖期。

慈母：生母死后，父指令其他妾抚育成人者，称抚育之母为慈母。慈母死后，被抚育者应义服斩衰三年。

乳母：父妾乳哺过的正妻子女，称乳哺之妾为乳母，死后应义服缌麻，因乳母非其亲生母亲，又非抚育者，况且又是小妾，所以仅给五服中最低的一等。这在封建礼制中已经够体面的了，因为正妻之子按礼制是不为父妾穿孝服的。这里的“乳母”不同于顾请来的“奶妈”，奶妈更是一仆人而已。

三、丧祭

平遥古城丧礼中有许多按时祭祀的习俗，即丧祭。一般有以下几种主要丧祭习俗：发二、逢七祭、尽七、百纸、新集、小祥、大祥、除服。丧事后的春节门联都有讲究，丧祭期用白纸门联，丧后当年春节用浅灰色纸门联，次年春节用蓝色纸门联，第三年春节时，斩衰孝服期（二十七个月）基本已过，使用大红纸门联，三年内不外出拜年等，贴大红春联之年方可一切如故。这一点是丧事中孝德的重要标志。至今，城乡百姓皆袭旧制如故。

发二：葬毕第二天上午，孝男孝女同赴坟茔祭叩并添土，平遥民俗叫作“圆墓”，以示怀念。但墓前不准哭嚎。

逢七祭：从丧日起每七日要祭祀一次，安葬后则祭于遗像或神主前，但五七、尽七（七七）要祭于墓前，并烧纸活。祭祀供品也有定制，即“头七馍馍二七糕，三七肉火烧（馅饼），四七擀面（面条），五七角日（水饺），六七塔日（白面烧烤的塔形炉食），七七（尽七）饼则，吃了不用等的”。五七要祭于墓前，并焚烧“五七花”。尽七也祭于墓前，但祭期要依死者的子女数，每人顺延一天，表示恋恋不舍之意。尽七祭时要在墓前烧纸制粮升，上面

百纸斗

粘贴金箔锞子，而百纸日祭要烧纸制粮斗，平遥有句俗语："尽七升，百纸斗，谁人烧上谁人有。"以此激励子女们烧祭。象征着斗金斗银之财富，寄往冥冥之乡，寄情艰苦一生的父母在阴间莫再受贫，而享荣华富贵。这种朴素的孝情，不仅反映了平遥丧祭习俗中的宗教文化，而且仿用粮食计量容器，也反映了我国长期农耕经济的文化特征。

百纸：丧后百日之祭，是尽七之后的一次祭礼，应祭于墓前。但不按百日之实际天数计，而是按丧者子女数，每人从实际百日中减去一日，提前祭祀，实际是要表达子女迫不及待地祭祀亡故父母之情，也是"长尽七，短百纸"习俗中儒教文化的表现。

新集：一个比较隆重的清明墓祭，但有视情况变更的规制。丧于农历冬至日前者，则于次年清明搞新集祭；丧于农历冬至日后者，须于再次年清明为新集。另外，夫妇双方都亡故者，则新集祭于清明日，仅一方亡故，新集祭于清明节前一日，俗称“一百无（忌）日”；父母尚在堂就先逝者，或年轻未婚者丧后的新集祭，须在清明节前二日（俗称“小鬼日”）进行。

小祥：平遥俗称“头周年”。丧后第一年的忌日，即小祥祭，应祭于墓前。

大祥：平遥俗称“二周年”，丧后二年之忌日，即大祥祭，祭于墓，但仅由孝子举行，孝女不参与。

除服：平遥俗称“三周年”。一般是最后一次有规模的墓祭。但平遥各地还有举“五周年”“八周年”“十周年”祭者，各地不尽相同。

葬后每次墓祭中，都要烧冥币、鬼锞（黄纸叠制的单脊元宝样冥物），还要烧些不同的纸制冥品，如新集烧离多（纸糊宅院）、摇钱树、聚宝盆，小祥烧“库楼”，大祥烧金桥、银桥，除服烧金山、银山、纸糊服装等。搞合葬起“干骨”时也烧纸糊服装。各种纸活在纸花店卖出时，底面俱开放，须由购者自己糊底，民俗讲究焚烧无底面纸服等于未烧，即出钱未尽孝。大约此俗是以糊底面象征孝男孝女们亲手自制纸活，有一片孝情，孝不能用钱买来。

按道教文化习俗，“后土皇地祇”主司人间后代的生殖繁衍，所以每次墓祭时，须先祀后土神，此俗始于唐代，宋时《朱子家礼》中列为定制，平遥人丧祭沿用此俗。旧时各宗族立茔，必先建一座“后土碑楼”，圆首方趺加石雕歇山顶亭，或以砖砌亭。“碑楼”中之碑碣，明、清代也有礼制规定。《明史·礼十四》:“自洪武三年（1370年）定，五品以上用碑，龟趺螭首;六品以下用碣，方趺圆首。”清代也沿袭此制。由于“文化大革命”的洗劫，此物已罕见了，人们多在墓上首后方撮土插香，燃烛祀拜，并焚“神锞”（黄纸叠制的双脊元宝状供物），行三叩首大礼。祀后土神时，供摆顶红馒头四个，焚神锞时洒酒三盅，以示虔诚敬意。祀后土神后方可举行墓祀。

墓祭时，供品置于墓前石桌上，桌上摆馒头，每碟四个，馒头不顶红。桌下要另摆一碟，据说是给鬼吏狱卒的，求得他们对亲人幽魂的“关照”。

在父母丧后，立志完成其未竟之业，继承其优良家训，珍惜其生前创造的一草一木，更加孝敬在堂的老人，加强兄弟团结，理顺婆媳关系、姑嫂关系等，才是至今也光彩不退的传统家庭美德。

生日礼俗

一、祝满月礼

平遥人历来重视第一胎孩子的祝满月礼，尤其是男孩子，旧时生男孩称“添丁”，谓之大喜，生女孩称“添口”，谓之小喜，丁、口之别虽为一字之差，但标榜了封建社会重男轻女的思想。官绅人家讲究“不孝有三，无后为大”，注重生男孩继祖业顶门立户，延绵香火。而穷苦人家就有所不同，“生子早当家，生女一朵花”，都是合家欢乐之喜。当今时逢盛世，人民生活水平提高了，几乎家家户户生孩子都要祝满月。

“生子三朝蒸馒首馈外家以报喜。九日外家送粥米、褓衣、衾枕。弥月外家以银镯、首饰、绸帛遗其女，以银锁、衣帽、衾裯遗外甥。亲友也有作幛文并银物往贺者。”（《平遥县志·地舆志·四礼》）以上县志所载为明、清代平遥祝满月礼简记，实际民俗细节很多，至今仍保留如初。

生孩子后，要在房门、院门两旁放置红纸钱，生男剪成方形钱，生女剪成圆形钱，纸上压一小块炭，旧时称炭为“黑银子”，压在红色纸钱上，自然是喜事之象征，而且喜如进财。生孩子后的第三日，要蒸比普通食用馒头大得多的馒头，上方及四面盖双喜印记，共蒸十二个，表示一年怀胎，如胎期之年有闰月，要蒸十三个，送外婆家道喜，谓之“毛头馍馍”。如生男孩，馒头内包大米一撮；如生女孩，馒头内包豇豆。

“弥月”即满月，但平遥习俗讲究须在孩子出生半个月时行祝满月礼，因为“半”和“绊”同音，企盼把孩子“绊”大成人。祝满月一般只限在亲戚范围内，来贺众亲，外婆家为主宾。

前来贺喜之亲戚，必蒸“括拦”（一种以发面蒸制的面圈，上方一圈配花饰的吉祥食品）。取名“括拦”者，意即期盼把孩子“括”住、“拦”住，茁壮成长。外婆家的“括拦”最大，要发五斤白面而为之，其余亲戚要少于五斤面，但应三斤以上。“括拦”上的花饰也有民俗讲究，面圈的中心空间要摆一个面捏的石榴，一则祈求“留”住孩子，二则石榴多籽，有祈求多生子的含义。圈上要有一个锁子形面饰，称为“长命锁”。面圈上其余地方也要摆满面饰，共有十个面饰，但男孩女孩有别，男孩为九个石榴，一个佛手，意为：“九石榴一佛手，守着妈妈永不走。”其义自可神会。女孩子则为九朵莲花，一支藕根。民俗吉语

为 :“九朵莲花一支藕，长大能活九十九。”石榴或莲花之间的小空隙，还可加些叶子等小面饰，增加美观和饱满感。蒸好后，点缀些红绿食色，更加悦目，堪称一种艺术享受。还要用铜钱和红绳辫“锁日”，上栓贺币。先系于“括拦”上，礼毕则系于孩子枕头旁。

“长命富贵”银锁

祝满月时，亲戚们要赠孩子以银饰，以颂高贵，外婆和奶奶给的最多，其余己亲量力而行。主要赠品有手镯、足蹋、手链、足链、银钱、银锁（上刻“长命富贵”、“麒麟送子”等文）、小银桶、倒吊驴、驴驮葫芦等，皆有取吉之义。

外婆家要赠夹被（或毛巾被）、大棉被、婴儿衣服。奶奶则要准备婴儿被褥、尿布等。其他亲戚多赠三尺布帛，叠成笔架形，称为“百嘉”，有祝福吉祥之意。

祝满月最重要的是奉祀俗神“送子娘娘”，以谢恩德。中午于院内正房前摆一方桌，但既不立木主、圣像，也不书写牌位，大约心照不宣，天知人知，必是送子娘娘。摆放“括拦”，外婆家的坐底，其余依次上摞。摆供顶红馒头三碟，每碟四个。两旁再各单摆馒头一个，据说是供祀娘娘两旁胁侍者的，以免缺礼。摆放好后要燃烛焚香，鞭炮齐鸣，由孩子的奶奶跪行双揖三叩首礼，虔诚顶礼膜拜。

供奉送子娘娘时，还要焚烧纸制小鞋三双，一男二女。其中一双高档女鞋是给娘娘的，其余一双男鞋一双女鞋，据说是送给娘娘的两位胁侍神的。平遥民俗相传，送子娘娘的两位胁侍，一男一女，分别负责发送人间男孩和女孩，往返劳顿，自然费鞋，孩子弥月奉送男女鞋各一双，也算一番敬意。朴素的民俗中，对神的敬奉也是朴素的，设想得面面俱到，虔诚细腻。

供奉“送子娘娘”时，还要焚烧色纸制作的小鸡、小花，鸡、花各六只，共数十二只，代表十二生肖，样样皆可。鸡象征男孩，花象征女孩，意在祈求娘娘继续送来孩子,无论添丁增口,都承娘娘恩泽。这种俗神文化信仰之俗，在平遥至今仍流行不衰。

对亲友贺礼，特别是“括拦”，主家都要回礼，早年平遥人祝满月以高粱三升回敬,因为平遥俚语称高粱为“套黍”,与“套住”谐音,故用之。另加顶红馒头一碟（七个）。现在高粱在平遥种植已不多，加之三升高粱也无法加工，反成亲友之累赘，人们已普遍改为以手巾、背心、大米等回敬。

二、完十三礼

旧时平遥人在孩子十二周岁生日时，即他的生肖年再度转来时，视为人生成长的一个里程碑，即由幼年步入青年时代，要举行一次贺礼，平遥人计年龄常用虚岁，因此称完十三礼。平遥自明代后期不行冠礼后，完十三礼更显得重要了。阖家感激送子娘娘保佑孩子成长，所以完十三礼的中心内容仍然是奉祀送子娘娘。

平遥民俗在孩子祝满月以后，每逢孩子生日，奶奶、外婆等亲属都要给孩子蒸括拦以庆贺和祝福，但都比较小，花饰也从简，一般以“套环”代替，即一个小面卷，中心置佛手，上面除一长命锁面饰外，其他以发面套绳状饰物代替。但完十三礼时则不可马虎了，要同祝满月时一样隆重，完十三礼时，也是最后一次蒸括拦了，孩子完十三礼后，家里人和社会都要对其按成人标准要求了，不再按儿童那样宽松礼仪对待了。

享祀者仍是“送子娘娘”，奉祀程序也和祝满月一样，但鸡、花、娘娘鞋等须用绸帛制作，亲友也不再赠银器，而以布料六尺叠成“百嘉”形祝福。主家回敬以馒头和背心。

完十三礼特有的一项仪程就是“打嘉儿”，事先准备

完十三打嘉儿

等长的带根谷草秸秆六支，约一尺长，分别用红纸条和黄纸条缠包，每三支扎成一个等边三角形，然后两个三角形拟叠错角成一个六角形，以红线扎稳，每角和交叉点都插一支彩纸小花。燃烛焚香供奉娘娘后，在鞭炮声中，孩子双膝跪叩，三叩礼毕，其祖母或母亲持“嘉儿”平置于孩子头上方，用另一根彩纸缠包的谷草秸秆，在各角循环轻打，并念念有词：“一十、二十、……九十、九一、九二、……九九。”打毕。把“嘉儿”同鞋、花、鸡等一并焚烧，仪程完毕。平遥俗称人死后为“百年之后”，所以给孩子打“嘉儿”念叨，是祝福孩子长寿，念至九十九而止。

完十三之礼俗，现时更盛，但多数人家改用亲友欢聚、点蜡烛许愿、齐唱生日快乐歌、吃生日蛋糕等现代形式。

其他礼俗

一、神祭

千百年来，平遥古城的民间祭礼，主要有神祭和祖祭两大类。神祭有官祭、公祭、民祭之分，祖祭有族祭、家祭之别。

清代及以前，官府神祭者主要有厉坛、八蜡神、孔子、关羽、城隍神等，按照历代朝廷定制，县署有司定期祭祀，并按规定在税赋存留中立专项开支。民众仅在庙会赛祭时顺便进香，如平遥每岁五月十三武庙赛祭，五月二十七城隍庙赛祭等。此等祭祀谓之官祭。

各里坊村社对“三官”“文昌”“观音”“龙王”等祭祀活动，系地方组织百姓以捐资等形式祭祀，每岁有祭。这种祭祀既无朝廷定制，又不得动用税赋，故应列入公祭范畴。百姓祈求今生平安，企盼来世富贵，希望五谷丰登，寄希望于“天”。因而村村有寺庙，无庙不成村。享祭之神不仅有释道两教之神，还有许多源出难考的俗神，反正当地需要什么“神”就修什么庙。而且，全由村民捐资和布施去兴建和修葺，也成为村社的公益事情，淳朴的百姓虽穷，但兴修寺庙则竭囊而资。

平遥百姓神祭的程序是呈摆祭品，燃烛焚香，揖，跪行三叩首礼至头触地，再揖，退行出殿。不少村社在公祭神祇时还要赶庙会，唱大戏。

大量的民间神祭在百姓家中，谓之民祭，但家家户户之间的祭祀档次悬殊极大，平遥城内花园街的吉祥寺，是元、明代平遥巨族梁府的家佛堂，明、清代平遥不少官绅富商的住宅阁楼上也供着各种神祇，而普通百姓家则多祀天地爷、门神、土地、灶君、张仙，富者有神龛、雕像、云饰木主,贫者则于庙会时“请”几张套色木版印制的神像，甚至以大红纸条，请通文识字者书一牌位，即可顶礼膜拜。

早年不同行业也有不同的祭拜神。药店供药王爷，木匠供鲁班爷，戏班供唐明皇，商贾供财神爷，生下孩子供张仙，孩子幼年供孔夫子或巧姑娘等，不一而足。

二、祖祭

平遥古城民间礼俗中的祖祭，主要有族祭和家祭两方面。长期的中国封建社会经济，使每个姓氏家族的居住地拥有了村落聚集性的特点。儒家“慎终追远、奉先思孝”的孝德，以及汉族居民注重亲情的传统，使祖祭成为一项重大活动。明代由山西外迁的多次大移民活动，使同宗同族的人走出娘子关，分布到全国各地，打破了原先同宗聚集居住的封闭性。如何才能使分散的后人世世代代不忘根本呢？人们逐渐把明初对人口管理的“里甲制”，变为辨宗认亲的依据、寻根问祖的线索，大宗同里，小宗同甲，使原来只用于皇家和豪门望族的宗谱也流行于百姓之中，各姓氏建祠堂，并按“左昭右穆”礼制续家谱，描制祀祖图（平遥俗称“神则”）。为维护封建礼制，明清两代朝廷规定，各姓氏宗祠须以家族成员官品限定楹数和规模设施。

建祠堂、修宗谱，全由族人共同出资，每年轮流当值，主持祭祀，此等祖祭称为“族祭”。族祭每岁仅在春节期间进行，当值族人于除夕夜挂神则，摆供品，燃烛焚香放鞭炮，并奏乐迎祖，平遥俚语叫“接神”。正月初一凌晨，族人就陆续入祠堂叩拜先祖，也有另备供品者，有官品者要着朝服，谓之光宗耀祖。叩拜务必于太阳出山前完毕，因为传说太阳出来时，祖先英灵需回地府，不能目睹后世子孙之光彩了。所以旧时平遥农村的少数穷光棍，都要等日出后入祠叩祖，有愧对列祖列宗之心情。

族祭时，有通文识礼的族人义务当值，为各家把一年来逝去者按辈分和昭穆填入神则，把新添男丁和各家过继立嗣者续于家谱上，过期不候。族祭活动持续到正月初六晨，当值族人按照接神之仪叩拜后，卷藏祀祖图和供器，名曰“送神”，公布祭祀账目，并经族长移交下年当值人。

其他地方还有新妇庙见习俗，即族人娶亲时，新娘要到祠堂叩拜先祖，以示归宗，而这种临时接送神仪式的支出必须由婚嫁之家自负。据康熙四十六年（1707 年）《平遥县志》记载，平遥娶妇“无所谓庙见者”。可见平遥最少在清初就没有新妇庙见礼了。

家祭是各家各户自行的祖祭，每年除夕各家也把自己家的祖考遗影或神主设堂供祀，也有挂本支股小神则者，正月初六晨送神。迎送礼仪同族祭，但多没有乐人鼓吹。

家祭从除夕到正月初六晨，早晚燃烛焚香，一日三餐都要先供祀先祖，全家男性成员早晚都要依次叩拜。

祖祭时供奉祖考神主盒

每逢有子女婚嫁，必先设堂祀祖，婚礼前家长携子叩拜，感谢祖德庇荫，今日后辈成家，也算对先祖有所交代。此制辈辈相传，仿而效之，至今沿袭如故。

清明节期间，即清明前三日至后三日，家家户户要赴茔扫墓，是一次重要家庭祖祭。平遥民俗中，清明扫墓极为重要，俗语说“千里赶上坟”，可见其在人们心目中的位置。此举虽也在墓前，但其不属丧祭。上坟祭祀先祖并非仅对某一亡故之先辈，而是祭祀列祖列宗，所以应列入祖祭范围，但第一仪程仍必须是先祀后土神。

平遥人清明节扫墓，家家要为男性成员蒸“蛇盘兔”，是一种兔头蛇身动物模样面食，讲究“蛇盘兔，必定富”，为媳妇蒸“水牛”即蜗牛，为未嫁女儿蒸“燕子”，给出嫁女儿蒸“兔”。而扫墓时只许把“蛇盘兔”带到茔地，从坟头抛滚，大约也是男尊女卑之俗。祭后要为坟头象征性地添添土，墓头要挂白麻纸剪制的“富贵万（旺）字”絮，并于茔地拾谷草根数根，归来置于房门顶上，谷子是平遥古城人早年几乎家家都要种的农作物，而且年年要种，谷子多籽，“籽”和“子”谐音，祈求辈辈有“根”。

每年中元日（农历七月十五）、十月初一，平遥皆俗称“鬼节”，于是妇女日晚在门外或村外，向娘家坟茔方向焚香叩拜，摆供果品，燃焚冥币、“寒衣”等，哭嚎一番，以尽孝意，是又一种家祭方式。

祖祭中无论族祭还是家祭，都是儒家孝悌至上道德观的延绵。尤其是家祭，一方面，长辈对晚辈做出孝悌表率，并为晚辈介绍家族的传统美德，家训家规。另一方面，家祭常是举家人团聚之时，可以使家族亲情的凝聚力不断增强，家长的驾驭力不断提高。正因为如此，中华民族尊老爱幼的美德，在这里能较好地得到继承。

三、俗神信仰

俗神信仰是一种民间习俗，它虽然也是以“神灵”崇拜为外在表现的，以崇拜信仰某一种或几种“神灵”为宗旨，类似于宗教但不同于宗教，不具备宗教的各种要素。宗教有特定的宗教哲学、独立的教义经典、明确的组织教规、固定的祭祀礼仪。例如，道教以入世观为修行哲学，主张人能长生不老、羽化成仙，以老子的《道德经》等为基本教义。俗神信仰则没有。无论哪种宗教，其组织和神职级别都上下有序，祭祀祈祷礼仪全教统一。而俗神信仰则是以家庭或个人活动为独立主体，没有组织，各取所需，各有所求，没有任何经典和清规戒律。

（一）俗神信仰的来源

俗神信仰是中华民族上下五千年文明的相伴见证者，它的产生早于任何宗教组织，它来源于最古老的“图腾崇拜”——山川崇拜和天神崇拜，早在商周时期就有了。到秦始皇举行泰山封禅时，就已经成为定型的俗神祭祀礼仪了。到两汉时期，祭拜范围扩大到天地山川、风雨雷电、八蜡、社稷、日月星辰。在两千多年的中国封建社会时期，这些宏观的俗神信仰祭祀活动，贯穿于历代封建王朝，而且都由皇帝亲自主祭或委派重臣代祭。每年都有固定的祭祀节日和庄严隆重的仪式。尽管随着社会的发展，各个王朝的祭祀形式和内容有所调整，但俗神信仰的祭祀始终没变，更没转变为宗教。

（二）俗神信仰的发展

帝王家牵头保持的俗神祭祀，目的在于企求大自然及其主宰神灵保佑皇家江山永固，流传万代，国泰民安，天人和谐。这些企求同平民百姓企求的风调雨顺、五谷丰登、老安少康、天下太平有着许多共同结合点。

百姓对宏观的天地山川等祭祀不可能有过高的热情，他们就在天神崇拜的基础上，把各种天神人格化、具体化，创造出越来越细化的主宰世间各种事务的不同天神。千百年来，这种创造尽管不断有创新，但它取材的原型始终以人间封建社会为范本，以承认皇权至上、维持现实社会安定为前提，以封建道德伦理为思想基础，否则必然会被以“散布邪说”予以取缔，课以重刑。

俗神信仰流传的几千年历史中，其信仰对像不但越来越具体化、实用化、大众化，而且神灵队伍也不断扩大，许多历史名人或传说人物，或因忠君爱国，或曾造福于民，受到皇帝加封或百姓立祠尊奉，不断升迁进入俗神行列，例如姜子牙、关羽、岳飞、石敢当、狐突、介子推、孙思邈、唐明皇、鲁班等。尤其是各种宗教组织产生和传入后，同俗神信仰之间不断相互渗透交流，使俗神信仰的神灵队伍又增加了一些兼职成员，例如观音普萨、送子观音、后土神、吕洞宾、玄武大帝、金童玉女等。而且，早已被列为俗神的关老爷、土地爷等也被佛教、道教所接纳。俗神信仰在流传中也发生了许多美好或启发教育人的民间故事。

（三）俗神的分类

在各个历史时期，由于社会状况以及各地的生产方式、生活习惯、历史变迁不同，人们的职业和境遇不同，人们对神灵种类及恩赐需求也就不一样，各村社各个家庭自主选择，虔诚奉祀。俗神界的神灵除玉皇大帝为最高神祇外，其余各路神祇均无等第之分，似乎各有所长，各司其职。在神界，玉皇大帝是至高无上的，俗称“老天爷”，故尊称为“天地三界十方万灵真宰”。早年平遥人的婚礼第一项就是“拜天地”，向插屏上摆放的天地爷木主行跪拜礼，虔诚之心尽在其中。人们把最理想公平的道理叫作“天道”“天理”，这成为官民上下全社会的共识。老百姓认为“天”是最公平无私的，没有欺诈，没有冤枉，没有一切不平事。统治者也以“天”的观念运转社会，约束官吏，明清时期各级衙署的“戒石坊”上刻着“天理、国法、人情”，“尔俸尔禄，民脂民膏，小民易虐，上天难欺”。盖源于此。这样，“天”的认同就成为俗神信仰中全社会上下的又一个结合点。官民对俗神都尊称“老爷”，但老百姓称当官的也是“老爷”，似乎百姓在哪里也是孙子辈，天道不知去何处了？

早在明清时期，在宋明理学派倡导三教合一的理念下，纯朴而虔诚的平遥人就期望得到各路神灵的一致保佑，出现了众神合一的“家神爷”形象，一种全家福式的群体像，用套色木版印制，上下五排横坐排列着道教、佛教、俗神、皇帝、儒教等各路神仙，悬挂在正房中堂，逢年过节顶礼膜拜。从中可以看出，平遥百姓对俗神的信仰不排斥任何宗教，任何宗教也替代不了老百姓心中的俗神信仰。

平遥古城供奉的俗神主要有以下几类。

1. 护佑赐福神

玉皇大帝（老天爷）、姜太公、二郎神、关老爷、城隍爷、门神爷、阎王爷、石敢当、太岁、三星（福、禄、寿）、三官（天官、地官、水官）、魁星、文曲星、文昌爷、财神爷。

2. 生产生活神

后土皇地祇、土地爷、送子娘娘、张公爷、痘神、灶王爷、井神、药王爷（孙思邈）、仓官爷、牛王爷、马王爷、蚂蚱神。

灶君爷

3. 自然俗神

雷神、电母、风伯、雨师、山神、河神、龙王爷、太阳爷、月亮（后天爷）。

4. 行业俗神

财神爷（商家）、关老爷（商家、镖局、武馆）、鲁班（泥、木、石匠）、唐明皇（戏班）、狱神（牢狱）、药王（医药行）。

平遥全县境内，各乡村由于自然环境、生产条件、生活习惯不一样，信奉的俗神也有侧重，除城隍、玄武、武圣为官祀神外，各村社都根据各自的实际需要，捐资修建了公祭庙堂，供奉关老爷、玉帝、山神、河神、二郎神、送子娘娘、观音等，各村社自行组织奉祀，祭祀时间多选在当地庙会日或重大节日。而大量的俗神祭祀活动在百姓家中进行，门神、土地、灶君、张公爷、财神爷几乎是家家户户俗神祭祀的主体，行业俗神则是各取所需了。有精雕细刻的加云饰和须弥座的金漆木主，也有方趺圆首的简易木主，更有多数人家是大红纸上书写“某某老爷之神位”，不一而足，反正“敬神如神在，不敬也不怪”，“心诚则灵”。

平遥古城的俗神信仰千百年来已深深扎根于民间，成为古老传统文化的民俗成分了，它是中华民族传统文化的缩影，无论在少数民族王朝时期，还是日军占领的国难时期，平遥的老百姓对俗神的信仰从来没有中断过。

四、俗节

据清代《平遥县志》载，历史上平遥之俗节，多受并州、代州之俗影响。辛亥革命后，大部分俗节仍保留如初，但原来许多俗节中，妇人夜哭于门外的“云中之俗”，都被废弃了。

正月初一：农历一年之始，俗称“过大年”。早年又称元旦，中华民国元年（1912年），因民国政府决定在中国并行国际公历，就由国民议会做出决议，把公历一月一日称作“元旦”，把原来对立春日称呼的“春节”，改为农历正月初一的“代称”。

春节之日，家家户户贴“春联”，挂“宝纸”。春联之俗是中华民族的共同习俗，其来源久矣。古时候的正月初一，民间家家户户用桃木板写“神荼”“郁垒”二位门神之名，挂在大门两旁，用以驱邪，名曰“桃符”。到五代后蜀时，开始在桃符上题联语。《宋史·世家二·西蜀孟氏》载，每岁除，命学士为词，题桃符，置寝门左右。末年，学士幸寅逊撰词，昶（孟昶）以其非工，自命笔题云：“新年纳余庆，嘉节号长春。”这就是现存史料中记载“桃符”变为“春联”的最早过程。后人也不再以桃木板为之，而代之以大红纸上书春联。挂“宝纸”之俗也源于封建时代。“宝纸”以四张彩色麻纸制作，即每张纸上写一字，顺序是黄、红、绿、桂。现在多数平遥人已不知此顺序了，其实这个顺序也是按照封建礼制排列的。黄色为封建帝王家专用色，民间仅此处可用，所以必居其首；唐宋时五品以上官员才可衣红色，所以宝纸中红色居第二；绿色为一般儒生读书人常用衣色，居第三；桂色为农商及作坊工匠之衣色，居其末。这些共同组成“普天同庆”的喜庆气氛，宝纸上多书祝福吉祥内容的四字词。

正月初一，新岁伊始，阖家欢聚一堂，家庭男子在太阳出山前就需到本族祠堂拜祖，或设祖考遗影、神主木牌等于堂，燃烛焚香叩拜，放鞭炮，吃饺子，然后到本族及近邻长辈家问好拜年，行二叩首礼，长辈要给未满十二岁的孩童压岁钱。路见长辈要问好，平辈相见，互道“见面发财”。

这一日忌讲不吉利话，忌针线活，忌打扫，更忌晨起倒污水。俗传姜子牙封神时，竟忘了给自己封一领地及职司，只得常年四处游荡，每到一处，诸神皆因尊敬姜太公，暂时退位，让太公稍息。但每年除夕晚至春节晨，众神都要在自己的职位上正襟危坐，收受人间香火，此时姜太公只能在唯一没封神祇的粪场上凑合一夜。晨起往粪场倒污水，必犯姜太公，招来众神讨伐，所以平遥妇女在初一清晨，不往外倒污水。

村村社社敲锣打鼓，喜气洋洋，祝福新的一年里五谷丰登，老少安康。

正月初二：青年夫妇赴丈母娘家拜年，未婚者到娘舅家拜年。初三、初四，亲戚互拜。

正月初五：俗称“破五”。民俗中把赵公明元帅及其部将招宝天尊、纳珍天尊、招财使者、利市仙官，共称“五路财神”。俗传正月初五为五路财神相聚之日，因而平遥民间正月初五忌出门，以免阻挡财路。

正月初八：这一日为“祭星节”，当日晚上喝“面茶”，并要祭星。先用黄纸书写牌位，“奉供九曜星君、南斗六郎、北斗七星、普天众星之神位”，贴于屋内墙上，再蒸糕面灯九盏，排成九曜星君图（金、木、水、火、土、太阳、太阴、计度、罗睺），点糕灯焚香，焚神锞，酒三奠，由家庭主妇叩拜。平遥民间还讲究男子十八岁始犯“罗睺”，祭星之事更是必不可少的，而且每月初八祭祀一次。以后每九年复祭，五十四岁为最后犯“罗睺”之年。

正月初十：俗称“十不动”。俗传当日老鼠娶亲，为祈求老鼠来年嘴下留情，家家户户吃饺子，并放两三个饺子于瓮旮旯，名曰盖老鼠窟洞。

正月十三：俗称“寒鸦糊嘴”，以少量米面象征性地抛撒于自家屋顶上，祈求鸦雀来年少糟害庄稼。

正月十五：俗传为“天官”生日，民间称“元宵节”，又叫“上元日”。为祈求天官赐福，各村社都要张灯结彩祭“三官”（天官、地官、水官），敲锣打鼓办社火、舞龙灯、跑旱船、踩高跷、扭秧歌，喜庆气氛超过春节。许多村的好事者还要组织给新婚之家“送孩孩”活动，由一位儿女双全的男子，扮作送子娘娘的使者，竹筐中放着许多泥“娃娃”，锣鼓队打着“浑秧歌”鼓点，或吹奏着“孟良打弓”“将军令”等乐曲，挨门逐户送，每到一家都要唱几句祝福词，既祝主家早生贵子，又讨得些喜酒、喜烟、喜洋（钱），皆大欢喜。城里沿街各商号都要在铺面外屋檐下悬挂花灯，而且各有新意，能吸引游客观赏，也能提高字号知名度。城内和近郊各里坊的民间社火都要进城表演，各字号都要邀请他们在门前表演，赏给他们烟、洋，图个吉利。晚餐家家户户食“元宵”。

正月二十：俗称“小添仓”，又称“添仓日”，流行于山西、河北、山东、陕西、东北等地。当日晚上要烧烤一种白面包红糖馅的“布袋袋”，象征丰收，供拜仓神，以求五谷丰登，粮食满仓。

正月二十五：俗称“老添仓”，礼俗同前。

二月初二：俗称“龙抬头”，人们以剃头趋吉，登高望远。食绿豆面煎饼以驱疫病，食米面发糕，以庆祝大地回春，万物发芽。

清明节：多在三月上旬。家家户户扫墓祭祖，外出游子要千方百计归里祭扫，俗称“千里赶上坟”，表示了汉民族以孝悌为首的道德伦理。各家要为家里的男性蒸制“蛇盘兔”，要带到祖坟上抛滚。其余家庭女成员也有相应的蒸制品，为媳妇蒸“水牛（蜗牛）”，为在阁闺女蒸“飞燕”，出阁闺女蒸“跑兔”，皆不带入坟茔。上坟祭扫前须先祭“后土”。这一天，儿童们胸前挂五色布币拴成的“红兰纸”，为驱邪之意。清明前一日，即上年冬至后的第一百零五日，是古代的“寒食节”。相传春秋时期，晋国大夫介子推，因拒绝晋文公对他的封赏，背母逃入绵山森林中。晋文公命士兵点火烧山，企图迫使介子推出来，结果介子推宁可同母亲相抱而被烧死，也不肯出山受封。晋中一带百姓感其气节，每年在这一天全天不生灶火，以示纪念，久之形成俗节。而平遥百姓又以“一百五日”的谐音趋吉，演绎为“一百无（忌）日”，意思是有修葺住房等工程者，可于这一日动工，以后继续干就无须择日了。

四月初一：家家贴剪纸“葫芦”“雄鸡”于门或窗户上，以避瘟驱疫，并蒸食白面“葫芦”。葫芦和“福禄”

谐音，食之以趋吉。

五月初五：端阳节，又称“端午”“重五”，相传此俗源于远古时代，后又融入为纪念楚国爱国诗人屈原投江自尽的新意，渐传遍中华大地。当日食用糯米、红枣、苇叶包制的粽子（角黍），饮雄黄、菖蒲酒，门上插艾叶。儿童腕上系“百线线”，以五色线扭成，平遥俚语中“百线”和“避邪”谐音。平遥人还要用发面蒸食一种叫“端鼓”的面花。

六月初六：以新麦面祭天地。因“六”和“留”谐音，家家户户用新麦面给孩子蒸吉祥食品，男孩蒸“括拦”，女孩蒸“套圈圈”，祈求“留”得子孙并消灾免难，一年安康。

七月初七：田禾上挂花红纸条，以避冰雹，当夜放河灯以济鬼。此俗民国后已淡化。

七月十五：地官生日，又称“中元日”，俗称“鬼节”，妇女以水果供奉地官，焚冥币和香并哭泣于门外，以倾吐对已故亲人的哀思。

八月十五：中秋节，家家户户烤制“月饼”，月饼模具上刻有“广寒宫、桂树、玉兔”等字样，并刻“八仙神器”为围饰图案。每家烤制一个“大团圆”月饼，还有“二团圆”“月葫芦”“月牙儿”“孙猴子”“玉兔”等各式饼，再配以各种瓜果，在圆月升高之时，迎月供摆，焚香叩拜。供后，全家人分食“团圆月饼”，要留一份待未归的家庭成员。中秋节前，娘家要给当年出嫁的女儿送月饼，以示思念。

九月初九：重阳节，蒸食“花糕”，以庆丰收，今已改为“老年节”。

十月初一：寒衣节。此俗源于古时并、代、云中（大同）之俗。相传秦时征调男丁修筑万里长城，或戍卫边塞，数年不得归，生死未卜。十月届冬，气候渐冷，家中妇人只得以纸糊寒衣焚于门外，痛哭未归之夫婿、儿郎，以致后来演变为给已故亲人焚送“寒衣”之俗。

十月十五：水官生日，又称“下元日”。然而平遥地处内陆黄土高原，民间皆以当日为“土家（土神）生日”。晨起以木制粮升为容器，外出刨一小窑而取土一升，并用高粱秸秆夹黄纸土神牌位，插于土中，上书“奉供土翁土母、土子土孙、合府众土之神位”。供品有面制小猪头、小雄鸡、小鲤鱼，称“小三牲”，外加去皮熟鸡蛋一个，燃烛焚香供拜，入夜时原土送还，焚烧牌位。供品及小“灯瓜”（陶制微型油灯盏）一并弃于原土处。

冬至日：寒冬已极，否极泰来，暖春将重回大地，食羊肉水饺以欢庆。

腊月初一：食爆米花、炒黄豆、小麦、胡麻籽等，亦曰“避瘟”。

腊月初八：古时祭祀八蜡神之日，八蜡神是汉族居民古代奉祀的一组主宰农事的神祇。东汉永平年间，佛教传入中国后，又以腊月初八为佛祖释迦牟尼成道之日，食用各种谷物熬制的腊八粥相庆。当今其神秘色彩已被遗忘。

腊月二十三：送灶王爷升天，供以糖瓜，以求他“上天言好事，回宫降吉祥”。

腊月二十四：平遥民谣说“腊月二十四，灶家爷爷不管事，揩抹打扫搬家私”，家家户户翻箱倒柜大扫除，干干净净迎新年。

除夕：平遥人称“年除”，为农历一年最后一天。白天贴春联，挂宝纸，中午食面条和水饺，取吉“钱串套元宝，一年更比一年好”，企盼来年好运。留少许生面条，待明年再吃，谓之“隔年饭”，企盼来年不闹春荒。晚上举家团圆，欢声笑语。家长虔诚沐浴迎众神，并陈列祖考遗影或木主，鸣放爆竹以示开祀，名曰“接神”。院中摆炭块以喻“财”，或燃旺火以济财运。外窗台上摆“灯围”，里里外外灯火通明，通宵不灭，喜气洋洋。家中成年人通夜不眠，谓之“熬大年”，据说是在新旧岁交替之际，要守护孩童安全地进入新春，爱护之心令人敬仰。当今年年看中央台春节联欢晚会过午夜，全家老小都“熬大年”了。

平遥民俗中的俗节，具有很浓厚的农耕文化特色，是几千年黄河文化的写照，明清以来平遥人外出经商足迹踏遍九州，把平遥民俗带到了全国各地，各地民俗中难免融入了许多平遥传统文化元素。

图书在版编目（CIP）数据

晋商与平遥礼俗文化 / 董剑云，董培良编著. — 太原：山西经济出版社，2017.6（2018.9重印）
ISBN 978-7-5577-0215-1

Ⅰ. ①晋… Ⅱ. ①董… ②董… Ⅲ. ①晋商-研究②地方文化-研究-平遥 Ⅳ. ①F729②G127.254

中国版本图书馆CIP数据核字（2017）第151092号

晋商与平遥礼俗文化

编　　著：董剑云　董培良
责任编辑：陈海红
助理责编：熊汉宗
封面设计：拓新企划
装帧设计：华胜文化

出 版 者：山西出版传媒集团·山西经济出版社
地　　址：太原市建设南路21号
邮　　编：030012
电　　话：0351-4922133（发行中心）
　　　　　0351-4922085（综合办）
E-mail：scb@sxjjcb.com（市场部）
　　　　　zbs@sxjjcb.com（总编室）
网　　址：www.sxjjcb.com

经 销 者：山西出版传媒集团·山西经济出版社
承 印 者：山西出版传媒集团·山西新华印业有限公司

开　　本：890mm × 1240mm　1/32
印　　张：6.5
字　　数：106千字
版　　次：2017年7月　第1版
印　　次：2018年9月　第2次印刷
印　　数：4001-9000册
书　　号：ISBN 978-7-5577-0215-1
定　　价：26.00元